승리의 삶을 위한
성경적인 기도
Scriptural Prayers for
Victorious Living

능력 있는 기도를 통해
당신의 삶을 바꾸라
Transform Your Life
Through Powerful Prayer

제이크 프로방스 & 키이스 프로방스 지음
JAKE & KEITH PROVANCE

한길환 옮김

엘맨

하나님의 사람을 만들어 가는 ELMAN

승리의 삶을 위한 성경적인 기도

능력 있는 기도를 통해 당신의 삶을 바꾸라

초판1쇄 2020년 10월 5일

지은이 : 제이크 프로방스 & 키이스 프로방스
옮긴이 : 한길환
펴낸이 : 이규종
펴낸곳 : 엘맨출판사
등록번호 : 제13-1562호(1985.10.29.)
등록된곳 : 서울시 마포구 토정로222
            한국출판콘텐츠센터 422-3
전화 : (02) 323-4060,6401-7004
팩스 : (02) 323-6416
이메일 : elman1985@hanmail.net

www.elman.kr

ISBN : 978-89-5515-692-8 03230

값 11,500 원

승리의 삶을 위한 성경적인 기도

Scriptural Prayers for Victorious Living

능력 있는 기도를 통해 당신의 삶을 바꾸라

Transform Your Life
Through Powerful Prayer

제이크 프로방스 & 키이스 프로방스 지음
JAKE & KEITH PROVANCE

한길환 옮김

엘맨
하나님의 사람을 만들어 가는 ELMAN

목차

Table of Content

옮긴이의 글

우리는 평상시는 기도를 하지만, 막상 어려움에 처할 때나 긴급한 상황에 처했을 때, 기도를 어떻게 해야할지 막막할 때가 있다. 그럼에도 불구하고 우리는 기도해야 한다. 기도가 문제에 대한 유일한 해답이기 때문이다. 지은이는 우리가 살면서 겪을 수 있는 문제들을 제시하고 이에 대해서 어떻게 기도해야 하는지를 일목요연하게 제시하고 있다. 일상생활에서 또는 긴급한 상황에서 어떻게 기도를 해야하는지를 알기를 원하는 분들에게 이 책이 성경적인 기도 지침서가 되기를 바란다.

아울러 하나님의 마음을 알고 하나님의 뜻에 합당한 기도를 드림으로 기도의 응답을 받고 하나님을 기쁘시게 하는 삶을 살기를 간절히 소원하는 모든 분들에게 일독을 권한다.

충남 홍성 생명의 강가 작은 서재에서 한길환 목사

Translator's writing

We usually pray, but there are times when we are in trouble or urgent situations. Nevertheless, we must pray. Because prayer is the only answer to the problem. The author presents the problems that we may experience in our lives and clearly suggests how to pray for them.

For those who want to know how to pray in their daily lives or in urgent situations, I hope this book will be a biblical prayer guide.

In addition, I recommend reading to all those who know the heart of God and who pray earnestly in accordance with the will of God, receive answers to prayers and desire to live a life that pleases God.

in a small study on the river of life in
Hongseong,
Chungnam-do

Pastor Gil-Hwan Han

머리글

기도는 아마도 그리스도인의 삶에서 가장 매력적인 주제
일 것이다. 우리 모두는 기도해야 한다는 것을 알고 있지만,
무슨 말을 해야할지 몰라 얼마나 자주 기도를 중단하는가? 때
로는 너무 바빠서 하나님과 대화하는 것이 가족 상봉에서 먼
친척과 대화하는 것과 같은 느낌이 들기도 한다. 우리는 정확
히 무슨 말을 해야 할지 모르겠고 억지로 하는 것 같이 약간
어색하게 느껴진다. 어떤 때는, 우리의 감정이 너무 크게 말
하는 것에 압도되어 "도와주세요" 외에 어떤 말도 할 수 없는
우리 자신을 발견하기도 한다. 우리는 하나님이 모든 해답을
가지고 계시고 그분이 원하신다면 우리를 도우실 수 있다는
것을 알고 있다. 하지만 그분이 원하실까? 우리가 어떻게 혼
란, 긴장 또는 상처받은 기분을 하나님이 우리의 삶에 개입하
시도록 하는 강력한 기도로 효과적으로 전환할 수 있을까? 이
책은 그러한 목적을 위해 개인을 상대로 고안되었다. 이 책은
또한 하나님이 진정으로 당신을 위해 무엇을 하실 것인지를
보여주기 위해 우리 모두가 삶에서 직면하고 있는 많은 필요
와 어려움에 관한 성경 구절로 가득 차 있다.

그러나 이 책은 한 걸음 더 나아간다. 이 책은 당신의 사

랑하는 하늘 아버지께 분명하고 효과적으로 소통할 수 있도록 당신을 돕는 기도로 가득 차 있다. 우리 모두는 기도가 쉽게 나오지 않은 메마른 시기를 경험했기 때문에, 우리는 또한 기도의 끊임없는 실천에 열정을 나눠주는 하나님의 자녀들의 영감을 주는 인용문을 추가했다. 그들의 기도에 대한 열정이 당신에게 뿌리를 내리고 발전하는 것이 우리의 소망이다.

Introduction

Prayer is possibly the most captivating topic in the life of a Christian. We all know we should pray, but how often do we stop to do it, only to find ourselves at a loss for words? Sometimes we've been so busy, that talking to God feels like talking to a distant relative at a family reunion; we're not sure what exactly to talk about, and the conversation feels forced and a little bit awkward. Other times, we find ourselves overwhelmed by a major struggle with our emotions speaking so loudly that our minds can't form any words besides, "Help me." We know God has all the answers and that He can help us if He wants to. But does He want to? How do we effectively convert the way we feel—confused, nervous, or hurt—into a powerful prayer that allows God to move in our lives? This book is personally designed for such a purpose. It's filled with scriptures concerning many of the needs and hardships we all face in life to show what God truly will do for you. But this book goes a step further. It is filled with prayers laid out to help you communi- cate clearly and effectively to your loving heav- enly Father. Since we've all experienced dry times when prayer just didn't come easily, we've also added Inspirational quotes by men and women of God who share a passion for the constant practice of prayer. It is our hope that their passion for prayer will take root and develop in you.

◈ 성경

"여호와의 인자와 긍휼이 무궁하시므로 우리가 진멸되지 아니함이니이다 이것들이 아침마다 새로우니 주의 성실하심이 크시도소이다"(애 3:22-23).

"이 날은 여호와께서 지으신 것이라 이 날에 우리가 즐거워하고 기뻐하리로다"(시 118:24).

"너는 범사에 그를 인정하라 그리하면 네 길을 지도하시리라"(잠 3:6).

"그런즉 이 일에 대하여 우리가 무슨 말 하리요 만일 하나님이 우리를 위하시면 누가 우리를 대적하리요"(롬 8:31).

"하나님은 기도로 세상을 창조하셨다.
세상에 기도가 많으면 많을수록 세상은 더 좋아질 것이며,
악에 대항하는 힘은 더 강해질 것이다."

- 이.엠. 바운즈(E.M. Bounds)

◈ Scriptures

His compassions fail not. They are new every morning: great is they faithfulness (Lamentations 3:22-23).

This is the day which the LORD hath made; we will rejoice and be glad in it (Psalm 118:24).

In all thy ways acknowledge him, and he shall direct thy paths (Proverbs 3:6).

What shall we then say to these things? If God be for us, who can be against us? (Romans 8:31).

"God shapes the world by prayer,
the more prayer there is in the world,
the better the world will be,
the mightier the forces against evil."

— E.M. Bounds

하루를 바르게 시작하라

주여! 이날을 선물로 주신 것을 감사하나이다. 이날은 당신이 창조하신 날이나이다. 나는 이날을 기뻐하고 기뻐할 것이나이다. 당신의 말씀에 따르면, 당신의 자비와 은혜는 매일 아침 새로워서 나의 과거의 죄와 실수는 이 새로운 날의 축복을 오염시킬 곳이 없나이다.

오늘 당신이 이날에 주신 멋진 선물에 감사하나이다. 이것을 마음껏 즐길 수 있게 도와주소서. 오늘 다른 사람들이 내 안에 계신 당신을 보게 하시고, 내 말을 듣는 모든 사람들에게 소망이 되게 하소서. 내가 주위 사람들에게 축복이 되게 하시고 오늘 하는 모든 일이 당신을 공경한다는 것을 증명할 수 있도록 도와주소서.

주여! 당신은 오늘 내 앞에 놓여 있는 어떤 문제, 어떤 장애물, 또는 어떤 재앙보다도 크시나이다. 나는 당신이 나를 끝까지 지켜주실 것이라 믿나이다. 나는 오늘 내 삶의 모든 분야에서 당신의 친절하신 마음을 베풀어주신 것을 감사하나이다. 예수님의 이름으로 기도하옵나이다. 아멘.

Start the Day Right

Lord, I thank You for the gift of this day. This is the day that You have made; I will rejoice and be glad in it. According to Your Word, Your mercy and grace are new every morning, so the sins and mistakes of my past have no place to taint the blessing of this new day.

I thank You for the wonderful gift You have provided in this day. Help me enjoy it to the fullest. Let others see You in me today, and let my words be uplifting to all those who hear them. Help me to be a blessing to the people around me and to show You honor in all that I do today.

Lord, You are bigger than any problem, any obstacle, or any calamity that lies before me so no matter what happens today, I trust You to see me through. I thank You for Your favor in every area of my life today, in Jesus' name. Amen.

"우리가 그 안에서 그를 믿음으로 말미암아 담대함과 확신을 가지고 하나님께나아감을 얻느니라"(엡 3:12).

"내게 능력 주시는 자 안에서 내가 모든 것을 할 수 있느니라"(빌 4:13).

"대저 여호와는 네가 의지할 이시니라 네 발을 지켜 걸리지 않게 하시리라"(잠 3:26).

"나는 유럽의 모든 군대보다
존 녹스의 기도가 더 두렵다."

– 메리, 스코틀랜드의 여왕
(Mary, Queen of Scots)

◈ Scriptures

Christ now gives us courage and confi- dence, so that we can come to God by faith (Ephesians 3:12 CEV).

I can do all things through Christ which strengtheneth me (Philippians 4:13).

For the LORD will be your confidence and will keep your foot from being caught (Proverbs 3:26 ESV).

"I fear the prayers of John Knox
more than all the assembled armies of Europe."

— Mary, Queen of Scots

자신감

아버지! 내가 대담하고 자신감을 갖도록 도와주소서. 내가 나의 단점에 연연하지 않고, 당신과의 관계가 내가 위대한 일을 하게 한다는 것을 깨닫도록 도와주소서. 당신은 당신의 말씀에서 세상에 있는 사람보다 내 안에 계신 분이 더 크시다고 말씀하셨나이다. 당신의 말씀은 내가 그리스도 예수님을 통해 승리자 이상이 될 수 있다고 하시나이다. 나는 나를 강하게 하시는 그리스도를 통해 모든 것을 할 수 있나이다. 내 자신감은 당신께로부터 나오나이다!

아버지! 당신이 내 안에서 일하시기 때문에 나는 내가 자신감이 있다는 것을 대담하게 선포하나이다. 나는 내가 누구인지가 아니라 당신이 내 안에 계시기 때문에 내 삶의 모든 분야에서 자신 있게 일할 수 있나이다. 주여! 당신이 내 안에서 시작하신 그 좋은 일을 계속해 주셔서 감사하나이다. 주여! 당신의 말씀이 내 삶에 자신감과 성취를 가져오게 하소서. 예수님의 이름으로 기도하옵나이다. 아멘.

Confidence

Father, I ask You to help me to be bold and con-fident. Let me not dwell on my short- comings, but help me to realize that my connection with You causes me to do great things. You said in Your Word that greater is He that is in me than he that is in the world. Your Word says that I can be more than a conqueror through Christ Jesus. I can do all things through Christ who strengthens me. My confidence comes from You!

Father, I am bold to proclaim that I am confi-dent because of Your work in me. I can operate in confidence in every area of my life, not because of who I am but because of who You are in me. Thank You, Lord, for continuing that good work which You started in me. Let Your Word bring confidence and completion in my life in Jesus' name. Amen.

◈ 성경

"깨어 믿음에 굳게 서서 남자답게 강건하라"(고전 16:13).

"너희는 강하고 담대하라 두려워하지 말라 그들 앞에서 떨지 말라 이는 네 하나님 여호와 그가 너와 함께 가시며 결코 너를 떠나지 아니하시며 버리지 아니하실 것임이라"(신 31:6).

"내가 네게 명령한 것이 아니냐 강하고 담대하라 두려워하지 말며 놀라지 말라 네가 어디로 가든지 네 하나님 여호와가 너와 함께 하느니라"(수 1:9).

> "나는 용기는 두려움이 없는 것이 아니라
> 두려움에 대한 승리라는 것을 배웠다."
>
> -넬슨 만델라(Nelson Mandela)

◆ Scriptures

Be on your guard; stand firm in the faith; be courageous; be strong (1 Corinthians 16:13 NIV).

Be strong and of a good courage, fear not, nor be afraid of them: for the LORD thy God, he it is that doth go with thee; he will not fail thee, nor forsake thee (Deuteronomy 31:6).
This is my command—be strong and courageous! Do not be afraid or discouraged. For the LORD your God is with you wherever you go (Joshua 1:9 NLT).

"I've learned that courage is not the absence of fear, but the triumph over it."

— Nelson Mandela

용기

주여! 용기와 자신감의 불굴의 정신으로 이 세상의 불확실성에 대담하게 맞설 수 있도록 도와주소서. 내가 믿는 것을 위해 싸우는 용기, 내 믿음에 흔들리지 않는 용기, 힘든 시기를 맞이할 때 결코 중단하거나 굴복하지 않겠다는 결심을 할 용기를 주소서.

내가 당신을 통해 모든 것을 할 수 있다는 것을 계속 기억하도록 도와주소서. 비록 내가 때때로 나약하거나 두려움을 느낄지라도, 나는 당신은 그렇지 않다는 것을 아나이다. 당신이 내 편이시면 나는 무엇이든 극복할 수 있나이다.

나는 당신과 연합에서 힘을 얻나이다. 내 안에 있는 당신의 능력이 나를 통해 어떤 문제에 맞서거나 어떤 어려움도 극복할 수 있다는 완전한 확신을 갖도록 도와주소서. 어떤 상황에서도 확고한 목적과 강한 결의로 맞설 수 있도록 대담성을 부여해 주소서. 당신을 통해 나는 정복자 이상이고 세상을 이기는 자이나이다. 예수님의 이름으로 기도하옵나이다. 아멘.

Courage

Lord, help me to face the uncertainties of this life with an undaunted spirit of courage and confidence. Courage to fight for what I believe in; courage to be unshakeable in my faith; courage to have the determination never to quit or give in when times are tough.

Help me to continually remember that I can do all things through You. Even though I may feel weak or fearful at times, I know You are not. With You on my side I can over- come anything.

I draw my strength from my union with You. Help me have complete confidence in Your ability in me and through me to face any problem or overcome any difficulty. Grant me boldness that I may face any situation with firmness of purpose and a strong resolve. Through You I am more than a conqueror and a world overcomer.

◈ 성경

"아무것도 염려하지 말고 다만 모든 일에 기도와 간구로, 너희 구할 것을 감사함으로 하나님께 아뢰라"(빌 4:6).

"너희가 내 안에 거하고 내 말이 너희 안에 거하면 무엇이든지 원하는 대로 구하라 그리하면 이루리라"(요 15:7).

"그러므로 내가 너희에게 말하노니 무엇이든지 기도하고 구하는 것은 받은 줄로 믿으라 그리하면 너희에게 그대로 되리라"(막 11:24).

건전한 판단을 할 수 있는 사람이라면
누구나 지워지지 않는 하나님에 대한 감각이
인간의 마음 속에 새겨져 있다는 사실을
확신할 수 있을 것이다.

– 존 칼빈

◈ Scriptures

Be careful for nothing; but in every thing by prayer and supplication with thanksgiving let your requests be made known unto God (Philippians 4:6).

If you abide in me, and my words abide in you, ask whatever you wish, and it will be done for you (John 15:7 ESV).

Therefore I say unto you, What things soever ye desire, when ye pray, believe that ye receive them, and ye shall have them (Mark 11:24).

Men of sound judgment will always be sure that a
sense of divinity which can never be effaced
is engraved upon men's minds.

- John Calvin

기도 생활 방식 개발

아버지! 당신은 기도를 통해 내가 구하는 것을 당신께 알려야 한다고 말씀하셨나이다. 당신의 말씀은 내가 기도할 때, 내가 그것을 받는다고 믿을 때, 내가 그것을 받을 것이라고 말씀하나이다. 나는 기도가 나에게 너무 중요해져서 그것이 삶의 모든 상황에 대한 나의 자연스러운 반응이 되기를 바라고 구하나이다.

삶의 바쁜 일이 당신과 함께 시간을 보내는 기쁨, 특권, 힘으로부터 나를 빼앗지 못하게 도와주소서. 기도로 시간을 보내는 것이 정말 소중한 친구이자 사랑하는 아버지와 보내는 시간이라는 것을 알고 하루종일 더 기도하고 싶은 욕망을 나의 마음에 품게 하소서. 아버지! 하루 중 특정 시간을 정해 기도하는 법을 가르쳐 주시고 기도 시간에 마음을 딴 데로 쏠리게 하지 않게 해주소. 예수님의 이름으로 나는 기도하옵나이다. 아멘.

Developing a Lifestyle of Prayer

Father, You said that through prayer I should let my requests be made known to You. Your Word says that whatsoever things I desire when I pray, when I believe that I receive them, I shall have them. I ask and desire for prayer to become so significant to me that it becomes my natural response to every situation in life.

Help me to not let the busyness of life rob me from the joy, privilege, and power of spending time with You. Put a desire in my heart to pray more throughout my day, knowing that time spent in prayer is really time spent talking to a dear Friend and loving Father. Show me how to establish certain times of the day to pray and let me not be distracted during my prayer time.

In Jesus' name I pray. Amen.

◈ 성경

"너희 중에 누구든지 지혜가 부족하거든 모든 사람에게 후히 주시고 꾸짖지 아니하시는 하나님께 구하라 그리하면 주시리라"(약 1:5).

"여호와께서 사람의 걸음을 정하시고 그의 길을 기뻐하시나이다"(시 37:23).

"내가 주의 계명들을 믿었사오니 좋은 명철과 지식을 내게 가르치소서"(시 119:66).

"기도는 당신의 운전대인가,
아니면 당신의 예비 타이어인가?"

-코리 텐 붐(Corrie ten Boom)

◈ Scriptures

If any of you lack wisdom, let him ask of God, that giveth to all men liberally, and upbraideth not; and it shall be given him (James 1:5).

The steps of a good man are ordered by the LORD: and he delighteth in his way (Psalm 37:23).

Teach me good judgment and knowl- edge: for I have believed thy commandments (Psalm 119:66).

"Is prayer your steering wheel or your spare tire?"

— Corrie ten Boom

분별력

주여, 당신께 분별력을 구하나이다. 내게 내 삶의 모든 문제에 관한 지혜와 통찰력을 주소서. 당신의 음성에 민감하도록 도와주소서. 오늘 내가 직면할 모든 결정에 대한 방향과 지침을 주소서. 내가 오늘 맞설 사람들과 문제들을 다룰 때, 분별하는 마음과 생각을 갖도록 도와주소서. 나의 주의가 필요한 어떤 상황에 대해서도 나의 마음과 생각을 명확하게 하셔서 적절한 행동으로 대응할 수 있도록 도와주소서.

내가 감정적으로가 아니라 객관적으로 결정하도록 도와주소서. 내가 내 삶의 올바른 선택을 할 수 있도록 하기 위해서 당신의 눈으로 보고 당신의 귀로 듣고 당신의 지혜로 행동할 수 있게 하소서.

내가 당신을 인정하고 경배하는 것처럼, 나는 당신이 나의 발걸음을 지시하시고 당신의 성령으로 내 삶에 명령하시는 것을 감사하나이다. 예수님의 이름으로 기도하옵나이다. 아멘

Discernment

Lord, I ask You for discernment. Give me wisdom and insight concerning all the matters in my life. Help me to be sensitive to Your voice. Give me direction and guidance concerning every decision that I am faced with today. Help me to have a discerning heart and mind when I deal with people and issues that must be confronted. Bring clarity to my heart and mind regarding any situation that requires my attention and help me to respond with the appropriate action.

Help me to make decisions objectively and not emotionally. Allow me to see with Your eyes and hear with Your ears and operate in Your wisdom so that I make the right choices in my life. Help me to determine Your will concerning every area of my life.

As I acknowledge and worship You, I thank You that You direct my steps and order my life by Your Spirit. In Jesus name I pray, amen.

◈ 성경

"여호와께서 너를 지켜 모든 환난을 면하게 하시며 또 네 영혼을 지키시리로다"(시편 121:7).

"화가 네게 미치지 못하며 재앙이 네 장막에 가까이 오지 못하리로다"(시 91:10).

"내가 사망의 음침한 골짜기로 다닐지라도 해를 두려워하지 않을 것은 주께서 나와 함께 하심이라 주의 지팡이와 막대기가 나를 안위하시나이다"(시 23:4).

"안전은 우리의 적들과 멀리 떨어져 있는 것이 아니라,
하나님께 가까이 오는 데서 오는 것이다."

-딜론 버로우즈(Dillon Burroughs)

◆ Scriptures

The LORD will keep you from all harm— he will watch over your life (Psalm 121:7 NIV).

There shall no evil befall thee, neither shall any plague come nigh thy dwelling (Psalm 91:10).

Yea, though I walk through the valley of the shadow of death, I will fear no evil: for thou art with me; thy rod and thy staff they comfort me (Psalm 23:4).

"Safety comes in our nearness to God,
not in our distance from our enemies."

— Dillon Burroughs

신성한 보호

사랑하는 하늘에 계신 아버지! 나는 당신의 보호하심을 기원하나이다. 나는 당신이 당신의 말씀으로 결코 나를 떠나지도, 버리지도 않으실 것이라고 말씀하신 것을 아나이다. 나는 당신의 천사들이 나를 보호하고 어떤 종류의 해악과 위험에서도 나를 지켜주기 위해서 내 앞에 나아간다는 것을 믿나이다.

주여! 당신의 말씀에 의하면 당신이 나를 날개 밑에 숨기시고, 악이 내게 닥치지 않게 하시고, 어떤 전염병이나 재앙도 내 집 근처에 오지 않게 하실 것이라고 하나이다.

나는 우리 집과 내 차량에 대한 안전을 위해 기도하나이다. 내가 어디를 가든지, 무엇을 하든, 나는 당신의 보호하심 아래서 일하는 것을 당신께 감사하나이다. 나는 고속도로에서 안전을 위해 기도하나이다. 내 집을 빈집털이나 공공 기물 파손 행위로부터 보호해 주시기를 기도하나이다. 나는 당신이 육체적, 정신적, 또는 감정적 폭력의 어떤 위협으로부터도 나를 보호해 주시기를 기도하나이다.

아버지! 내 마음과 생각을 지키기 위해 모든 이해를 초월하시는 당신의 평화를 위해 기도하나이다. 예수님의 이름으로 기도하옵나이다. 아멘.

Divine Protection

Dear heavenly Father, I pray for divine protection. I know that You said in Your Word that You would never leave me nor forsake me. I believe that Your angels go before me to protect me and keep me from harm and danger of any kind.

Lord, Your Word says that You hide me under Your wings, that no evil shall befall me, and that no plague or calamity shall come near my home.

I pray for safety over our home and my vehicles. Wherever I go and whatever I do, I thank You that I operate in Your divine protection. I pray for safety on the highways. I ask that You protect my residence from burglaries and vandalism. I pray that You protect me from any threats of physical, mental, or emotional violence.

Father, I pray for Your peace that passes all understanding to guard my heart and mind. Thank You for Your protection in every area of my life. In Jesus' name, amen.

"그러므로 믿음은 들음에서 나며 들음은 그리스도의 말씀으로
말미암았느니라"(롬 10:17).

"믿음이 없이는 하나님을 기쁘시게 하지 못하나니 하나님께
나아가는 자는 반드시 그가 계신 것과 또한 그가 자기를 찾는
자들에게 상 주시는 이심을 믿어야 할지니라"(롬 11:6).

"믿음은 바라는 것들의 실상이요 보이지 않는 것들의 증거니
라"(히 11:1).

"하나님이 정상적인 삶의 방식으로 우리에게도
같은 종류의 대담한 믿음, 즉 불가능한 것을 위해 감히
하나님을 믿는 믿음을 갖도록 의도하신 것이 아닐까?"

-슈테븐 퍼틱(Steven Furtick)

◈ Scriptures

So then faith cometh by hearing, and hearing by the word of God (Romans 10:17).

Now without faith it is impossible to please God, for the one who draws near to Him must believe that He exists and rewards those who seek Him (Hebrews 11:6 HCSB).

Faith is the confidence that what we hope for will actually happen; it gives us assurance about things we cannot see (Hebrews 11:1 NLT).

"Could it be that God intends for us to have the same kind of audacious faith— the kind of faith that dares to believe God for the impossible—as a normal way of life?"

— Steven Furtick

믿음

주여! 모든 성도들에게 믿음의 분량을 주셔서 감사하나이다. 믿음이 어떻게 역사하는지, 그리고 믿음을 내 삶에 어떻게 적용할 수 있는지 깨달음을 주소서. 주 예수님은 당신이 내 마음속에 두신 믿음에 성숙함과 완벽함을 가져다주시나이다. 어떻게 대담한 믿음을 가질 수 있는지 내게 통찰력과 지혜를 알려 주소서.

당신은 믿음은 하나님의 말씀을 들음으로써 나온다고 하셨나이다. 나는 나의 믿음이 성장할 수 있도록 당신의 말씀을 읽고 듣기로 의식적인 결정을 내렸나이다. 당신은 믿음 없이는 당신을 기쁘게 하는 것은 불가능하다고 말씀하셨나이다. 믿음은 내가 바라는 것들과 보지 못하는 것들의 확신과 확인 즉 나의 권리증서이나이다.

주여! 내 마음에 있는 믿음이 보이지 않는 당신의 약속을 실제의 사실로 인식하게 해 주셔서 감사하나이다.

믿음은 살아서 내 삶에서 역사하고 있나이다. 믿음으로, 나는 당신이 나를 위해 하신 모든 것을 받나이다. 예수님의 이름으로 기도하옵나이다. 아멘.

Faith

Lord, I thank You that You have given every believer a measure of faith. Give me understanding of how faith works and how I can apply it in my life. Lord Jesus bring maturity and perfection to the faith that You have placed within my heart. Impart to me insight and wisdom concerning how to have daring faith.

You said that faith comes by hearing the Word of God. I make a conscious decision to read and listen to Your Word, so my faith can grow. You said that without faith it is impos- sible to please You. Faith is the assurance and confirmation—my title deed— of things that I hope for and the proof of things I do not see. I thank You, Lord, that the faith that is in my heart perceives the unseen promise as a real fact.

Faith is alive and working in my life. By faith, I receive all that You have done for me. In Jesus' name, amen.

◈ 성경

"충성된 자는 복이 많아도 속히 부하고자 하는 자는 형벌을 면하지 못하리라"(잠 28:20).

"또 약속하신 이는 미쁘시니 우리가 믿는 도리의 소망을 움직이지 말며 굳게 잡자"(히 10:23).

"그 주인이 이르되 잘하였도다 착하고 충성된 종아 네가 적은 일에 충성하였으매 내가 많은 것을 네게 맡기리니 네 주인의 즐거움에 참여할지어다"(마 25:23).

"기도는 하나님의 마음 내키지 않으심을
극복하는 것이 아니다.
그것은 하나님의 뜻을 이해하는 것이다."

-마틴 루터(Martin Luther)

◈ Scriptures

A faithful man shall abound with bless- ings (Proverbs 28:20).

Let us hold fast the confession of our hope without wavering, for he who promised is faithful (Hebrews 10:23 ESV).

His lord said unto him, Well done, good and faithful servant; thou hast been faithful over a few things, I will make thee ruler over many things: enter thou into the joy of thy lord (Matthew 25:23).

"Prayer is not overcoming God's reluctance.
It is laying hold of His willingness."

— Martin Luther

충실

아버지! 내 삶의 모든 분야에 충실할 수 있도록 도와주시길 기도하나이다. 내가 일하는 사람들, 내 가족과 친구들, 그리고 내 교회에 헌신적으로 충실할 수 있도록 도와주소서.

하지만 무엇보다도 주여! 내가 당신께 충실할 수 있도록 도와주소서. 내가 어떤 사람이 아니라 당신을 위해 일하고 있다는 것을 알고, 군인처럼 어떤 고난도 견뎌낼 수 있도록 도와주소서. 나의 충실과 순종이 내키지 않는 마음으로 오염되지 않도록 해주소서. 남들이 하는 말이나 행동 때문에 기분이 상하려는 시험에 저항하도록 나를 강하게 하소서. 내 감정을 통제하고 내 감정이 내 행동을 지시하지 않도록 도와주소서.

내 삶의 끝에 내가 "환영한다. 너 착하고 충성된 종아"라는 말씀으로 당신 앞으로 안내될 수 있도록 나의 삶을 살도록 도와주소서. 예수님의 이름으로 기도 하옵나이다. 아멘.

Faithfulness

Father, I ask You to help me be faithful in every area of my life. Help me to have dedi- cated loyalty to those for whom I work, to my family and friends, and to my church.

But most of all, Lord, help me to be faithful to You. Help me to endure any hard- ship like a soldier, knowing that I'm working for You and not for any man or woman. Let my faithfulness and obedience to You be untainted by a heart of unwillingness. Help me to stay strong and resist the temptation to be offended because of what others say or do. Help me to take control over my emotions and not let how I feel dictate how I act..

Help me to live my life so that at the end of my days I will be ushered into Your pres- ence with the words, "Welcome, thou good and faithful servant."

In Jesus' name I pray. Amen.

◈ 성경

"그의 노염은 잠깐이요 그의 은총은 평생이로다 저녁에는 울음이 깃들일지라도 아침에는 기쁨이 오리로다"(시 30:5).

"여호와여 주는 의인에게 복을 주시고 방패로 함 같이 은혜로 그를 호위하시리이다"(시 5:12).

"주의 궁정에서의 한 날이 다른 곳에서의천 날보다 나은즉 악인의 장막에 사는 것보다 내 하나님의 성전 문지기로 있는 것이 좋사오니"(시 84:11).

> "자신의 진정한 정체성에 이기는 자가 포함되어
> 있다는 사실을 받아들일 때,
> 당신은 결코 기적이 아닌 것에 안주하지 않을 것이다."
>
> -크레이그 그로슈(Craig Groesche)

◈ Scriptures

For his anger lasts only a moment, but his favor lasts a lifetime; weeping may stay for the night, but rejoicing comes in the morning (Psalm 30:5 NIV).

For surely, O LORD, you bless the right- eous; you surround them with your favor as with a shield (Psalm 5:12 NIV).

For the LORD God is a sun and shield; the LORD bestows favor and honor; no good thing does he withhold from those whose walk is blameless (Psalm 84:11 NIV).

"When you accept the fact that your true identity includes being an overcomer, you will never settle for less than a miracle."

— Craig Groeschel

친절하신 마음

주여! 나는 당신의 친절하신 마음이 나를 방패처럼 둘러싸게 해주시기를 구하나이다. 어디를 가든지 무슨 일을 하든지, 이렇게 좋으신 하나님이 되어 주셔서 감사하나이다. 나는 내 삶이 당신의 선하심의 증거가 되기를 구하나이다. 당신의 친절하신 마음이 내 삶의 모든 영역에 흐르게 하셔서 초자연적인 증가를 일으키게 하소서. 나의 모든 일에 친절하신 마음, 기회의 문을 열어주시는 친절하신 마음, 내가 접촉하게 되는 모든 것에 큰 영향을 미치시는 친절하신 마음에 감사하나이다.

주여! 나는 당신이 나의 일상생활에서 친절하신 마음에 대한 나의 기대치를 진전시켜 주시기를 구하나이다. 당신이 나를 풍성한 삶을 살도록 부르셨는데, 보다 덜 만족하지 않게 도와주소서. 주여! 나는 작은 생각이나 작은 삶을 살고 싶지 않나이다. 나는 당신의 축복과 친절하신 마음이 나의 삶에 아주 풍요로워져서 복을 받을 뿐만 아니라 주위의 모든 사람들에게도 복을 나눠줄 수 있기를 원하나이다. 감사하나이다. 주여! 예수님의 이름으로 당신의 호의에 감사하나이다. 예수님의 이름으로 기도하옵나이다. 아멘.

Favor

Lord, I ask that Your favor surround me like a shield. Wherever I go and whatever I do, I thank You for being such a good God. I ask that my life would be evidence of your goodness. Let Your favor flow through every area of my life, producing supernatural increase. Thank You for favor in all my affairs, favor that opens doors of opportunity and favor that influences all I come into contact with in a great way.

Lord, I ask that You would develop my expectancy for favor in my everyday life. Help me to not be satisfied with less when You have called me to live a life of abun- dance. Lord, I don't want to have small thinking or small living. I want Your bless- ings and favor to be so rich in my life that not only am I blessed, but I'm able to bless all those around me.

Thank You, Lord, for favor in Jesus' name. Amen.

"만군의 여호와가 이르노라 너희의 온전한 십일조를 창고에 들여 나의 집에 양식이 있게 하고 그것으로 나를 시험하여 내가 하늘 문을 열고 너희에게 복을 쌓을곳이 없도록 붓지 아니하나 보라"(말 3:10).

"각각 그 마음에 정한 대로 할 것이요 인색함으로나 억지로 하지 말지니 하나님은 즐겨 내는 자를 사랑하시느니라"(고후 9:7).

"주라 그리하면 너희에게 줄 것이니 곧 후히 되어 누르고 흔들어 넘치도록 하여 너희에게 안겨 주리라 너희가 헤아리는 그 헤아림으로 너희도 헤아림을 도로 받을 것이니라"(눅 6:38).

"하나님은 당신이 구하는 것을 주시거나,
아니면 훨씬 더 나은 것을 주실 것이다."

-로버트 머레이 매케인(Robert Murray McCheyne)

◈ Scriptures

"Bring the whole tithe into the store- house, that there may be food in my house. Test me in this," says the LORD Almighty, "and see if I will not throw open the flood- gates of heaven and pour out so much blessing that there will not be room enough for it" (Malachi 3:10 NIV).

Every man according as he purposeth in his heart, so let him give; not grudgingly, or of necessity: for God loveth a cheerful giver (2 Corinthians 9:7).

Give, and it will be given to you. A good measure, pressed down, shaken together and running over, will be poured into your lap. For with the measure you use, it will be measured to you (Luke 6:38 NIV).

"God will either give you what you ask,
or something far better."

— Robert Murray McCheyne

재정

사랑하는 아버지! 나를 축복하시는 것이 당신의 뜻이라는 것을 아나이다. 나는 내가 나의 십일조를 드려서 당신의 일에 충성할 때 나를 축복하실 것이라는 것을 아나이다. 당신은 내가 십일조를 드리는 대로, 후히 되어, 누르고, 흔들어서, 넘치도록 나에게 되돌려 주실 것이라고 말씀하셨나이다.

빚은 내 삶에 있을 곳이 없나이다. 내가 진 모든 빚을 갚도록 도와주시기를 구하나이다.

나의 소비 습관에 사리분별하는 요령을 내게 보여주소서. 내가 모든 구매 결정을 할 때 실용적이고, 분별력 있고, 현명할 수 있도록 도와주소서.

소득을 창출할 수 있도록 나에게 창조적인 아이디어와 새로운 통찰력을 주소서. 내가 나의 일에 생산적이고 부지런할 수 있도록 도와주소서. 나의 고용주에게 은혜를 베풀어 주소서.

주여! 소득과 승진이 당신께로부터 오는 것에 감사드리나이다. 내가 당신의 일에 많이 드리는 자가 되고 다른 사람들에게도 축복이 되도록 재정적으로 성공할 수 있는 법을 보여주소서. 예수님의 이름으로 기도하옵나이다. 아멘.

Finances

Dear Father, I know that it is Your will to bless me. I know that as I am faithful to pay my tithes and give to Your work, You will bless me. You said that as I give it shall be given back to me, good measure, pressed down, and shaken together.

Debt has no place in my life. I ask that You would help me pay back everything I owe.

Reveal to me how to use discretion in my spending habits. Help me to be prac- tical, sensible, and intelligent in all my buying decisions.

Give me creative ideas and new insight to create income. Help me be productive and diligent in my job. Give me favor with my employer.

I thank You, Lord, that increase and promotion come from You. Show me how to be financially successful so that I can be an abundant giver to Your work and a blessing to others. In Jesus' name I pray. Amen.

"우리를 거스르고 불리하게 하는 법조문으로 쓴 증서를 지우시고 제하여 버리사 십자가에 못 박으셨느니라"(골 2:14).

"이는 우리 마음이 혹 우리를 책망할 일이 있어도 하나님은 우리 마음보다 크시고 모든 것을 아시기 때문이라 사랑하는 자들아 만일 우리 마음이 우리를책망할 것이 없으면 하나님 앞에서 담대함을 얻느니라"(요1 3:20-21).

"형제들아 나는 아직 내가 잡은 줄로 여기지 아니하고 오직 한 일 즉 뒤에 있는 것은 잊어버리고 앞에 있는 것을 잡으려고 푯대를 향하여 그리스도 예수 안에서 하나님이 위에서 부르신 부름의 상을 위하여 달려가노라"(빌 3:13-14).

"기도는 모든 창살을 부수고, 모든 쇠사슬을 풀고,
모든 감옥을 열고, 하나님의 성도들이 갇혀 있던
모든 좁은 통로를 넓힌다."

-이 엠 바운즈(E.M. Bounds)

◈ Scriptures

He canceled the record of the charges against us and took it away by nailing it to the cross (Colossians 2:14 NLT).

Even if we feel guilty, God is greater than our feelings, and he knows everything. Dear friends, if we don't feel guilty, we can come to God with bold confidence (1 John 3:20-21 NLT).

Brethren, I count not myself to have apprehended: but this one thing I do, forget- ting those things which are behind, and reaching forth unto those things which are before, I press toward the mark for the prize of the high calling of God in Christ Jesus (Philippians 3:13-14).

"Prayer breaks all bars, dissolves all chains, opens all prisons, and widens all straits by which God's saints have been held."

— E.M. Bounds

용서

    아버지! 예수님의 이름으로 나는 내 삶의 모든 상처와 괴로움을 당신께 맡기나이다. 나는 더 이상 나의 마음에 과거의 상처의 짐을 떠안는 것을 거부하나이다. 나의 삶에 대해서 당신의 용서를 구하나이다. 내가 느끼는 모든 죄책과 후회 때문에 당신께 가기가 어렵나이다. 나는 당신이 내가 이 무거운 짐에서 벗어나기를 원하신다는 것을 아나이다. 내가 후회와 수치심을 떨쳐버릴 수 있을 정도로 당신의 용서가 내 안에서 전개되도록 하소서. 주여! 당신이 나를 용서해 주셨기 때문에 나를 용서해 주시는 것과 같은 방법으로 다른 사람을 용서할 수 있는 힘을 주소서.

    내가 어느 누구에게도 응어리를 품지 않도록 도와주소서. 내가 모든 면에서 완전히 자유로워질 수 있도록 용서하고 잊어버리도록 도와주소서. 나는 과거의 고통이 나의 미래의 약속을 빼앗아가지 않도록 하겠나이다. 주여! 나를 나의 과거로부터 해방시켜 주셔서 감사하나이다. 예수님의 이름으로 기도하옵나이다. 아멘.

Forgiveness

Father, in Jesus' name I give You all the hurt and bitterness in my life. I refuse to carry the burden of those past hurts in my heart anymore. I ask for Your forgiveness in my life. It's hard to come to You because of all the guilt and regret I feel. I know you want me to be free from this burden. Let your forgiveness develop in me to the point where I can rid myself of regret and shame. And Lord, because You have been so forgiving to me, I ask that You give me the strength to forgive others in the same way You forgive me.

Help me to not harbor bitterness toward anyone. Help me forgive and forget so I can be completely free in every way. I will not let the pain of my past rob me of the promise of my future. Thank You, Lord, for freeing me from my past. In Jesus' name I pray. Amen.

"여호와께 감사하라 그는 선하시며 그의 인자하심이 영원함이로다"(대상 16:34).

"아무것도 염려하지 말고 다만 모든 일에 기도와 간구로, 너희 구할 것을 감사함으로 하나님께 아뢰라"(빌 4:6).

"범사에 감사하라 이것이 그리스도 예수 안에서 너희를 향하신 하나님의 뜻이니라"(살전 5:18).

"나는 찬양하는 기도가 하나님과
가장 높은 소통의 형태이며,
항상 우리의 삶에 큰 힘을 내뿜는 기도라고 믿게 되었다."

- 머린 알. 캐러더스(Merlin R. Carothers)

◈ Scriptures

O give thanks unto the LORD; for he is good; for his mercy endureth for ever (1 Chronicles 16:34).

Do not be anxious about anything, but in everything by prayer and supplication with thanksgiving let your requests be made known to God (Philippians 4:6 ESV).

Be thankful in all circumstances, for this is God's will for you who belong to Christ Jesus (1 Thessalonians 5:18 NLT).

"I have come to believe that the prayer of praise
is the highest form of communication with God,
and one that always releases
a great deal of power into our lives."

— Merlin R. Carothers

감사

    나는 당신이 우리에게 주신 당신의 말씀에 감사하기를 원하나이다. 당신의 말씀을 통해, 나는 당신의 생각을 읽고 당신의 마음을 알 수 있는 멋진 기회가 있나이다. 당신의 말씀은 정말 소중한 선물이나이다. 모든 말씀은 나를 자유롭게 하고 소망을 주나이다. 말씀으로 나를 존중해 주셔서 감사하나이다.

    나의 궁극적인 안내자이시며 위로자이신 성령의 선물에 감사하나이다. 당신의 성령이 언제나 나와 함께 계신다는 것을 아는 것이 내 마음을 안전과 감사로 가득 채우나이다. 다함이 없으신 용서와 사랑을 주셔서 감사하나이다. 내가 아무리 망쳤어도 당신은 여전히 나를 맞이하시기 위해 팔을 벌리고 계시나이다.

    당신은 진정으로 형제보다 친밀한 친구시나이다. 당신은 내가 필요로 하는 모든 것을 처리하시기 위해 항상 거기 계시나이다. 당신이 나를 위해 해주신 모든 것을 당연하게 여기지 않도록 도와주소서. 예수님의 이름으로 기도하옵나이다. 아멘.

Giving Thanks

I want to thank You for Your Word that You gave us. Through Your Word, I have the wonderful opportunity to read Your thoughts and get to know Your heart. Your Word is such a precious gift. Every word frees and uplifts me. Thank You for honoring me with it.

Thank You for the gift of the Holy Spirit, my ultimate guide and comforter. Knowing Your Spirit is always with me, fills my heart with security and thanksgiving.

Thank You for Your inexhaustible supply of forgiveness and love. No matter how many times I have messed up, You are still there with open arms to welcome me back.

You are truly a friend who sticks closer than a brother. You are always there to take care of my every need. Help me to never take for granted all that You have done for me. In Jesus' name I pray, amen.

◈ 성경

"자녀들아 너희는 하나님께 속하였고 또 그들을 이기었나니 이는 너희 안에 계신 이가 세상에 있는 자보다 크심이라"(요1 4:4).

"이것을 너희에게 이르는 것은 너희로 내 안에서 평안을 누리게 하려 함이라 세상에서는 너희가 환난을 당하나 담대하라 내가 세상을 이기었노라"(요 16:33) .

"예수를 죽은 자 가운데서 살리신 이의 영이 너희 안에 거하시면 그리스도 예수를 죽은 자 가운데서 살리신 이가 너희 안에 거하시는 그의 영으로 말미암아 너희 죽을 몸도 살리시리라"(롬 8:11).

"과감한 기도는 하나님을 공경하기 때문에
하나님은 과감한 기도를 존중하신다."

- 마크 배터 슨(Mark Batterson)

◈ Scriptures

Little children, you are from God and have overcome them, for he who is in you is greater than he who is in the world (1 John 4:4 ESV).

I have told you these things, so that in Me you may have [perfect] peace. In the world you have tribulation and distress and suffering, but be courageous [be confident, be undaunted, be filled with joy]; I have overcome the world. [My conquest is accomplished, My victory abiding] (John 16:33 AMP).

But if the Spirit of him that raised up Jesus from the dead dwell in you, he that raised up Christ from the dead shall also quicken your mortal bodies by his Spirit that dwellth in you (Romans 8:11).

"God honors bold prayers,
because bold prayers honor God."

— Mark Batterson

내 안에 계신 크신 분

주여! 감사하나이다. 세상에 있는 사탄보다 내 안에 계신 분이 더 크시나이다. 당신은 오늘 완전한 승리를 위해 내게 활력을 주시고, 동기를 부여하시고, 힘을 주시고, 나를 준비시키시나이다. 당신이 내 안에 계시기 때문에 사탄과 어둠의 모든 세력은 내게 상대가 되지 못하나이다. 죄와 병과 결핍은 승산이 없나이다. 당신은 내가 직면할 수 있는 어떤 상황보다도 크시나이다. 당신은 내 앞에 닥쳐오는 어떤 장애물보다도 크시나이다. 당신은 내 삶에 닥쳐오는 어떤 도전보다도 크시나이다. 당신은 나에게 닥쳐오는 어떤 역경보다도 크시나이다. 주여! 당신은 나 자신의 의심, 불안, 불확실성보다 크시나이다.

나는 당신을 통해 이기는 자 이상이나이다. 나는 당신 안에서 대담함과 자신감으로 삶의 상황에 맞설 수 있나이다. 당신은 크시나이다. 그리고 당신은 내 안에 살아 계시나이다. 당신은 줄곧 나를 격려하시나이다. 당신은 나를 성공하게 하시나이다. 당신과 함께 예수님의 이름으로 나는 모든 문제를 이겨낼 수 있나이다. 나는 압도당할 수도 없고 패배할 수도 없고 실패할 수도 없나이다! 예수님 이름으로 기도하옵나이다. 아멘.

The Greater One in Me

I thank You, Lord, that greater is He that is in me than he that is in the world. You are within me, energizing, motivating, empow- ering, and equip- ping me for total victory today. Because You reside in me, Satan and all the forces of darkness are no match for me. Sin, sickness, and lack don't stand a chance. You are greater than any circumstance I might face. You are greater than any obstacle that comes up before me. You are greater than any chal- lenge that comes into my life. You are greater than any adversity that comes against me. Lord, You are greater than my own doubts, insecurities, or uncer- tainties.

I am more than a conqueror through You. I can face the circumstances of life with bold- ness and confidence in You. You are greater, and You live in me. You put me over; You cause me to succeed; with You, in Jesus' name, I cannot be overcome, I cannot be defeated, and I cannot fail!

"여호와께서 사람의 걸음을 정하시고 그의 길을 기뻐하시느니라"(시 37:23).

"너는 마음을 다하여 여호와를 신뢰하고 네 명철을 의지하지 말라 너는 범사에 그를 인정하라 그리하면 네 길을 지도하시리라"(잠 3:5-6).

"내가 네 갈 길을 가르쳐 보이고 너를 주목하여 훈계하리로다"(시 32:8).

"우리는 지금 하나님이 우리의 기도에 어떻게 응답하실지 결코 예상할 수 없지만, 하나님이 그 응답에 대한 그분의 계획에 우리를 참여시키실 것을 기대할 수 있다."

- 코리 텐 붐(Corrie ten Boom)

◈ Scriptures

The LORD directs the steps of the godly. He delights in every detail of their lives (Psalm 37:23 NLT).

Trust in the LORD with all thine heart; and lean not unto thine own understanding. In all thy ways acknowledge him, and he shall direct thy paths (Proverbs 3:5-6).

The LORD says, "I will guide you along the best pathway for your life. I will advise you and watch over you (Psalm 32:8 NLT).

"We never now how God will answer our prayers, but we can expect that He will get us involved in His plan for the answer."

— Corrie ten Boom

인도하심

하늘에 계신 아버지! 나의 삶에 대한 당신의 계획과 목적에 관하여 당신의 인도하심과 방향을 구하나이다. 이는 하나님의 영으로 인도하심을 받는 사람들은 하나님의 자녀들이기 때문이나이다. 내가 당신의 영의 음성에 예민하게 귀를 기울이고, 즉시 순종하도록 도와주소서. 내가 내려야 할 결정에 대한 당신의 완벽한 뜻을 내게 보여주소서. 돈, 관계, 어떤 종류의 조언도 내가 나의 삶에서 내리는 결정에 결정적인 요소가 되지 않도록 하소서. 내가 지혜를 발휘하여 이런 것들을 활용하되, 그것들이 어떤 결정을 내리는 궁극적인 이유가 되지 않도록 하게 도와 주소서. 주여! 나 자신의 이해력에 기대지 말고, 당신의 영의 음성을 신뢰하게 하소서.

주여! 당신의 말씀의 지혜와 당신의 영의 인도하심에 따라, 나는 어떤 상황에서도 나의 길을 찾을 수 있다는 것에 감사드리나이다. 내가 성령의 인도하심에 민감하도록 도와 주소서. 예수님의 이름으로 기도하옵나이다. 아멘

Guidance

Heavenly Father, I ask you for guidance and direction concerning Your plan and purposes for my life, for those who are led by the Spirit of God are the sons of God. Help me to be keen to hear and quick to obey the voice of Your Spirit. Reveal to me Your perfect will regarding the decisions that I need to make. Let not money, relationships, or advice of any kind be the determining factor in the decisions I make in my life. Help me to exercise wisdom and utilize these things, but not allow them to be the ultimate reason for making any decision. Help me not lean on my own understanding but trust the voice of Your Spirit.

I thank You, Lord, that by the wisdom of Your Word and the guidance of Your Spirit, I can navigate my way through any circum- stance. Help me to be sensitive to the guid- ance of the Holy Spirit. In Jesus' name I pray. Amen.

◈ 성경

"그가 찔림은 우리의 허물 때문이요 그가 상함은 우리의 죄악 때문이라 그가 징계를 받으므로 우리는 평화를 누리고 그가 채찍에 맞으므로 우리는 나음을 받았도다"(사 53:5).

"자기 아들을 아끼지 아니하시고 우리 모든 사람을 위하여 내 주신 이가 어찌 그 아들과 함께 모든 것을 우리에게 주시지 아니하겠느냐"(롬 8:32).

"그가 그의 말씀을 보내어 그들을 고치시고 위험한 지경에서 건지시는도다"(시 107:20)

"너희가 나에게 기도로 무엇을 구하든지,
너희가 나를 믿는다면, 너희는 받을 것이다."

- 하나님(마 21:22 참조.)

◈ Scriptures

But he was wounded for our transgres- sions, he was bruised for our iniquities: the chastisement of our peace was upon him; and with his stripes we are healed (Isaiah 53:5).

He that spared not his own Son, but delivered him up for us all, how shall he not with him also freely give us all things? (Romans 8:32).

He sent his word, and healed them, and delivered them from their destructions (Psalm 107:20).

"Whatever you ask me in prayer, you will receive, if you have faith in me."

— God (Matt. 21:22 Ref.)

치유

　사랑하는 하늘에 계신 아버지! 나는 내 몸의 치유를 위해 당신 앞에 나아가나이다. 지금 당장 내 몸을 만지시는 당신의 치유의 능력을 구하나이다. 내 몸에 당신의 치유를 받을 수 있도록 내 믿음이 강해지도록 도와주소서.

　예수님이 나의 치유를 위하여 그분의 등에 채찍을 당하시고, 나의 병을 앓으시고, 나의 병을 옮기셨나이다. 성경은 그분이 자신의 몸에 우리의 질고를 지시고 채찍을 맞으심으로 우리가 나음을 받았다고 말씀하나이다.

　나는 나의 치유에 관한 성경의 약속을 받아들이나이다. 예수님이 나의 치유를 위해서 그 대가를 치루셨으니, 나는 온전하게 되었나이다.

　주여! 이제 나는 당신의 말씀을 받고 그것을 믿나이다. 내 몸에서 시작된 치유에 대해서 당신께 감사하고 당신을 찬양하나이다. 내 몸에 어떤 변화를 느끼든 못 느끼든, 나는 바로 지금 내 안에서 당신의 치유의 능력이 역사하고 있다는 것을 아나이다. 주여! 당신의 치유에 감사하나이다. 예수님의 이름으로 기도하옵나이다. 아멘.

Healing

Dear heavenly Father, I come before You for healing in my body. I ask for Your healing power to touch my body right now. Help me to be strong in my faith to receive Your healing for my body.

Jesus took stripes on His back for my healing; He bore my sickness and carried my diseases. The Bible says He himself took our pains in His own body and that with His stripes we were healed.

I receive the promise of the Scriptures regarding my healing. Jesus paid the price for my healing so that I am made whole. Now, Lord, I receive Your Word and believe it. I thank You and praise You for the healing that has begun in my body. Whether I feel any change in my body or not, I know that Your healing power is at work within me at this very moment. Thank You, Lord, for my healing! In Jesus' name I pray, amen

◈ 성경

"여호와의 이름은 견고한 망대라 의인은 그리로 달려가서 안전함을 얻느니라"(잠 18:10)

"여호와는 나의 요새이시요 나의 하나님은 내가 피할 반석이시라"(시 94:22).

"하나님께 가까이 함이 내게 복이라 내가 주 여호와를 나의 피난처로 삼아 주의 모든 행적을 전파하리이다"(시 73:28).

"강하고 담대하라 겁먹지 말고, 낙담하지 말아라.
나는 너의 하나님이고, 네가 어디로 가든지
내가 너와 함께 있기 때문이다."

-하나님(수 1:9)

◈ Scriptures

The name of the LORD is a strong tower; the righteous run to it and are safe (Proverbs 18:10 NIV).

But the Lord is my refuge; my God is the rock of my protection (Psalm 94:22 HCSB).

But me? It's good for me to be near God. I have taken my refuge in you, my Lord God, so I can talk all about your works! (Psalm 73:28 CEB).

"Be strong and of good courage; be not frightened,
neither be dismayed;
for I am your God
and I am with you whenever you go."

— God (Joshua 1:9 ref)

주님은 나의 피난처

주여! 당신은 나의 피난처이시며 견고한 망대이시나이다. 당신은 나의 요새이시고 보안과 안전의 장소이시나이다. 내가 그곳에서 확신과 평화롭게 살 수 있도록 도와주소서.

내가 당신을 나의 피난처와 거처로 삼았으므로, 어떤 악도 나에게 오지 않을 것이며, 나의 집이나 가족 가까이에 어떤 재난이나 재앙이 오지 않을 것이나이다. 당신은 당신의 천사들에게 나의 모든 나아가는 길을 보호하라는 의무를 지우시나이다. 내가 어디를 가든, 무슨 일을 하든 당신의 천사들이 나를 해(害)와 위해(危害), 그리고 악으로부터 보호하나이다.

비록 내가 위험한 가운데 걸을지라도, 나에게는 아무런 영향도 미치지 못할 것이나이다. 이는 당신이 나를 사랑하셨기 때문에 당신이 나를 구해내셔서 높이 끌어 올리실 것이기 때문이나이다.

당신의 자비와 은혜와 호의가 방패처럼 나를 에워싸고 있나이다. 당신은 곤란할 때 나와 함께 계실 것이며, 당신은 나를 구해내셔서 귀하게 여기실 것이나이다. 장수(長壽)로, 나를 만족시키시고 당신의 구원을 내게 보여주소서. 예수님이 이름으로 기도하옵나이다. 아멘

The Lord Is My Refug

Lord, You are my refuge and strong tower. You are my fortress and place of secu- rity and safe- ty. Help me to live in that place of confidence and peace.

Because I have made You my refuge and my dwelling place, no evil shall befall me; no plague or calamity shall come near my home or my family. You give Your angels charge over me to preserve me in all my ways. Wherever I go and whatever I do, Your angels protect me from harm, injury, and evil.

Though I may walk in the midst of peril, it will have no effect on me. Because You have set Your love on me, You will deliver me and set me on high. Your mercy, grace, and kindness surround me like a shield. You will be with me in times of trouble, and You will deliver me and honor me. With a long life, You satisfy me and show me Your salvation. In Jesus' name. amen.

◈ 성경

"인내를 온전히 이루라 이는 너희로 온전하고 구비하여 조금도 부족함이 없게 하려 함이라"(약 1:4).

"우리가 알거니와 하나님을 사랑하는 자 곧 그의 뜻대로 부르심을 입은 자들에게는 모든 것이 합력하여 선을 이루느니라"(롬 8:28).

"오직 성령(우리 안에 그분이 임재하신 결과)의 열매는 사랑(타인에 대한 사심 없는 관심), 기쁨, (내적인)평안, 인내(기다리는 능력이 아니라, 기다리는 동안 어떻게 행동하느냐 하는 것), 친절, 선량, 충실, 온순, 자기 통제이다." (갈 5:22-23, 부연성경)

"나는 간절히 기도할 때마다 나는 들었고
기도했던 것보다 더 많은 것을 얻었다.
하나님은 때때로 지체하시지만, 항상 찾아오신다."

- 마틴 루터(Martin Luther)

◈ Scriptures

But let patience have her perfect work, that ye may be perfect and entire, wanting nothing (James 1:4).

And we know that all things work together for good to them that love God, to them who are the called according to his purpose (Romans 8:28).

But the fruit of the Spirit [the result of His presence within us] is love [unselfish concern for others], joy, [inner] peace, patience [not the ability to wait, but how we act while waiting], kindness, goodness, faithfulness, gentleness, self-control (Galatians 5:22-23 AMP).

"Whenever I have prayed earnestly,
I have been heard and have obtained more than I
prayed for. God sometimes delays, but He always
comes."

— Martin Luther

인내

하늘에 계신 아버지! 나의 삶에 인내심을 위해 기도하나이다. 당신을 믿고 당신의 통제 아래 모든 것이 있다는 것을 알도록 도와주소서. 삶이 빡빡하고, 힘들고, 바쁠 때, 좌절과 불안이 내 마음에서 인내심을 빼앗아가지 못하게 하는 방법을 보여주소서.

주여! 당신이 내 안에서 행하시고 계시는 일을 믿도록 허락하소서. 주여! 내 앞에 있는 경주를 인내심으로 달리게 도와주소서.

내 앞날에 일이 일어나도록 너무 빨리 뛰거나 애쓰지 말고 내 삶속에서 당신의 뜻이 잘 풀리게 해주소서. 내가 기도에 인내심을 가질 수 있도록 도와주소서. 내가 바라는 만큼 빨리 내 기도에 응답이 없을 때, 당신의 때를 끈기 있게 믿을 수 있도록 도와주소서.

나는 변화와 도전이 삶의 정상적인 부분이라는 것을 알고 있나이다. 나는 시험과 시련 기간 동안 인내심을 갖을 수 있도록 당신의 도움을 구하나이다. 예수님의 이름으로 기도하옵나이다. 아멘

Patience

Dear heavenly Father, I pray for patience in my life. Help me to trust You and to know that You have everything under control. When life is hectic, demanding, and busy, show me how to not let frustration and anxiety steal patience out of my heart.

Allow me, Lord, to trust the work that You are doing in me. Lord, help me to run the race that is before me with patience, not to run too fast or strive to make things happen in my future, but to let Your will be worked out in my life.

Help me to be patient in prayer. When it seems as if You are not answering my prayers as quickly as I desire, help me to patiently trust in Your timing.

I know change and challenges are a normal part of life. I ask for Your help to be patient during those times of tests and trials.

In Jesus' name I pray. Amen.

"여호와는 나의 반석이시요 나의 요새시요 나를 건지시는 이시요 나의 하나님이시요 내가 그 안에 피할 나의 바위시요 나의 방패시요 나의 구원의 뿔이시요 나의 산성이시로다"(시 18:2).

"우리가 세상에서 특별히 너희에 대하여 하나님의 거룩함과 진실함으로 행하되 육체의 지혜로 하지 아니하고 하나님의 은혜로 행함은 우리 양심이 증언하는 바니 이것이 우리의 자랑이라"(고후 1:12) .

"주께서 심지가 견고한 자를 평강하고 평강하도록 지키시리니 이는 그가 주를 신뢰함이니이다 너희는 여호와를 영원히 신뢰하라 주 여호와는 영원한 반석이심이로다"(사 26:3-4).

"나는 달리 갈 곳이 없다는 압도적인 확신에 무릎을 꿇고 여러 번 내몰렸다. 그날은 나 자신의 지혜와 나에 대한 모든 것이 불충분해 보였다."

-아브라함 링컨(Abraham Lincoln)

◈ Scriptures

The LORD is my rock, and my fortress, and my deliverer; my God, my strength, in whom I will trust; my buckler, and the horn of my salvation, and my high tower (Psalm 18:2).

We have conducted ourselves with godly sincerity and pure motives in the world, and especially toward you. This is why we are confi- dent, and our conscience confirms this. We didn't act with human wisdom but we relied on the grace of God (2 Corinthians 1:12 CEB).

People with their minds set on you, you keep completely whole, Steady on their feet, because they keep at it and don't quit. Depend on God and keep at it because in the Lord God you have a sure thing (Isaiah 26:3-4 MSG).

"I have been driven many times upon my knees
by the overwhelming conviction that I had
nowhere else to go. My own wisdom and that
of all about me seemed insufficient for that day."

— Abraham Lincoln

하나님을 의지하기

주여! 모든 일에 당신을 의지할 수 있어 감사하나이다. 내게 분명한 가르침을 주시고 당신의 말씀인 변함없는 진리와 강한 토대 위에 나를 견고하게 심어주소서. 나는 당신의 말씀을 의존하고 믿나이다. 내 삶에 대해서 당신이 가지고 계시는 계획에 대한 당신의 이해를 내게 일깨워 주소서.

모든 장애로부터 나를 자유롭게 해주소서. 나를 당신 안에서 안전하고 능력있게 만들어 주소서. 적의 공격에 대한 확고한 저항을 유지하고 나를 향하신 당신의 사랑으로 인해 축복과 두드러진 곳에 살도록 도와주소서.

당신의 영이 영원히 나와 함께 계시고 나를 도우시고 인도하시는 것을 보게 하소서. 당신의 영은 나의 소중한 동맹이자 가장 친한 친구이시나이다. 그분은 내가 내리는 결정에 대해 지혜와 통찰력, 명료함을 주시나이다. 당신의 말씀을 통해 당신의 신실하심과 약속이 내 마음속에 자리 잡고 내 삶에 힘과 안정을 가져다주시나이다. 예수님의 이름으로 기도하옵니다. 아멘.

Relying on God

Lord, I thank You that I can rely on You in all things. Give me clear instruction and keep me firmly planted on the unchangeable truth and strong foundation that is Your Word. I rely on and trust in Your Word and promises. Enlighten me with Your under- standing concerning the plan You have for my life. Set me free from all hindrances. Make me secure and capable in You. Help me to maintain a steadfast resistance to the attacks of the enemy, and live in a place of blessing and prominence because of Your love for me.

Help me to see that Your Spirit is forever with me, helping me and guiding me. He is my dear ally and closest friend. He gives me wisdom, insight, and clarity concerning the decisions I make. Through Your Word, Your faithfulness and promises are established in my heart and bring strength and stability to my life. In Jesus' name I pray, amen

◈ 성경

"이제 내가 사람들에게 좋게 하랴 하나님께 좋게 하랴 사람들에게 기쁨을 구하랴 내가 지금까지 사람들의 기쁨을 구하였다면 그리스도의 종이 아니니라"(갈 1:10).

"사람을 두려워하면 올무에 걸리게 되거니와 여호와를 의지하는 자는 안전하리라"(잠 29:25).

"오직 하나님께 옳게 여기심을 입어 복음을 위탁 받았으니 우리가 이와 같이 말함은 사람을 기쁘게 하려 함이 아니요 오직 우리 마음을 감찰하시는 하나님을 기쁘시게 하려 함이라"(살전 2:4).

"거절은 우리에게 일어나는 것이 아니다,
우리에게 일어나는 일을 우리가 어떻게 이해하느냐
하는 것이다."

-루 니콜스(LouNicholes)

◈ Scriptures

Am I now trying to win the approval of men, or of God? Or am I trying to please men? If I were still trying to please men, I would not be a servant of Christ (Galatians 1:10 NIV).

The fear of man bringeth a snare: but whoso putteth his trust in the LORD shall be safe (Proverbs 29:25).

But just as we have been approved by God to be entrusted with the gospel, so we speak, not to please man, but to please God who tests our hearts (1 Thessalonians 2:4 ESV).

Rejection isn't what happens to us but how we interpret what happens to us.

-LouNicholes

거절

주여! 나의 기쁨이나 행복을 남들이 나에 대해 어떻게 생각하는가에 근거하지 않도록 도와주소서. 내가 고통받은 문제로 인해 낙담하거나 감정적으로 혼란스러워하지 않도록 하소서. 내 마음을 치유해 주시고, 당신의 기쁨과 평화로 나를 채워 주소서. 당신께 내가 누구인지, 당신 때문에 내가 무엇을 가지고 있는지, 당신이 내 안에 계시기 때문에 내가 할 수 있는 일을 상기시켜주소서.

그들이 나에게 무슨 말을 하거나 무슨 행동을 해도 내가 다른 사람들에 의해 분개하거나 기분이 상하지 않게 하소서. 나는 그들에게 보복하거나, 험담하거나, 원한을 품지 않겠나이다. 오직 나는 이 상황을 당신께 맡기나이다. 나는 그들에게 악담을 하지 않겠나이다. 나는 억울해 하거나 화내는 것을 거부하나이다.

이러한 생각들과 감정들이 낙담이나 증오로 싹트기 전에 여기서 멈추게 하소서. 주여! 당신은 결코 나를 떠나시거나 버리지 않으시니 감사하나이다. 당신을 가장 친한 친구이자 삶에서 든든한 동맹자라고 부를 수 있어서 행복하나이다. 예수의 이름으로 기도하옵나이다. 아멘

Rejection

Lord, help me to not base my joy or happiness on what others think about me. Let me not be discouraged or become emotion- ally distraught because of a suffered wrong. Heal my heart and fill me with Your joy and peace. Remind me who I am to You, what I have because of You, and what I can do because You are within me.

Let me not be resentful or offended by others, no matter what they may say or do to me. I will not retaliate, gossip, or hold a grudge against them. But I cast the care of this situation over on You. I will not speak evil of them. I refuse to be bitter or angry.

Let these thoughts and feelings stop here and now before they grow into discourage- ment or hate. I thank You, Lord, that You will never leave me or forsake me. I'm happy to call You my best friend and strong ally in life. In Jesus' name, amen.

◈ 성경

"너희는 이 세대(더 이상 피상적인 가치와 관습)를 본받지 말고 오직 마음을 새롭게 함으로(경건한 가치와 윤리적 태도에 초점을 맞추어) 변화를 받아(너희가 영적으로 성숙함에 따라) 하나님의 선하시고 기뻐하시고 온전하신 뜻(당신을 위한 그분의 계획과 목적)이 무엇인지 분별하도록 하라"(롬 12:2.부연성경-AMP).

"하나님 아는 것을 대적하여 높아진 것을 다 무너뜨리고 모든 생각을 사로잡아 그리스도에게 복종하게 한다"(고후 10:5).

"모든 그리스도인들은 매일 30분씩 기도를 해야 한다.
바쁠 때를 제외하고는 한 시간이 필요하다."

-프란치스코 드 세일즈(Francis de Sales)

◈ Scriptures

And do not be conformed to this world [any longer with its superficial values and customs], but be transformed and progres- sively changed [as you mature spiritually] by the renewing of your mind [focusing on godly values and ethical attitudes], so that you may prove [for yourselves] what the will of God is, that which is good and acceptable and perfect [in His plan and purpose for you] (Romans 12:2 AMP).

Casting down imaginations, and every high thing that exalteth itself against the knowledge of God, and bringing into captivity every thought to the obedience of Christ (2 Corinthians 10:5).

"Every Christian needs a half-hour of prayer each day, except when he is busy, then he needs an hour."

— Francis de Sales

내 마음을 새롭게 하기

사랑하는 하늘에 계신 아버지! 나에게 상처를 주거나 당신과 관계를 해칠 어떤 일에도 나의 마음을 순수하고 맑게 유지하는 것이 나의 소망이나이다. 당신은 당신의 말씀에 모든 생각을 사로잡으라고 하셨나이다. 하지만 가끔 나는 내 생각이 나를 사로잡은 것처럼 느껴지나이다. 걱정, 두려움, 후회, 정욕에 대한 생각이 더 이상 내 마음을 괴롭힐 권리가 없나이다. 좋은 일들을 생각하기로 했나이다. 주여! 내가 시험에 빠졌을 때, 당신의 말씀의 응답으로 내 마음의 공격을 이겨내도록 도와주소서. 주여! 잘못된 생각과 욕망을 적절한 생각으로 대체하여 신속히 대응하게 하소서.

나는 당신의 말씀을 묵상하고 내 마음을 순수하게 해서 당신의 음성을 잘 받아들이기 위해 탁월한 결정을 내리나이다. 주여! 당신의 도움으로 나는 마음의 전투에서 승리할 수 있고, 말씀하신 말씀의 능력으로 모든 잘못된 생각을 극복할 수 있다는 것을 알고 있나이다. 예수님의 이름으로 기도하옵나이다. 아멘.

Renewing My Mind

Dear heavenly Father, it is my desire to keep my mind pure and clear from anything that would hurt me or damage my relation- ship with You.

You said in Your Word to take every thought captive. Yet sometimes I feel as if my thoughts have held me captive. Thoughts of worry, fear, regret, and lust have no right to plague my mind any longer. I choose to think about good things, Lord. When I am tempted, help me over- come the attacks on my mind with answers from Your Word. Lord, let me be quick to respond to wrong thoughts and desires by replacing them with proper thoughts.

I make a quality decision to meditate on Your Word and to keep my mind pure and receptive to Your voice. Lord, I know that with Your help, I can win the battle in my mind and overcome every wrong thought with the power of the spoken Word. In Jesus' name I pray. Amen.

◈ 성경

"그런즉 누구든지 그리스도 안에 있으면 새로운 피조물이라 이전 것은 지나갔으니 보라 새 것이 되었도다"(고후 5:17).

"내 영혼을 소생시키시고 자기 이름을 위하여 의의 길로 인도하시는도다"(시 23:3) .

"주의 구원의 즐거움을 내게 회복시켜 주시고 자원하는 심령을 주사나를 붙드소서"(시 51:12).

"하나님이 용서하실 때
즉시 회복시키신다."

- 테오도르 엡(Theodore Epp)

◈ Scriptures

Therefore if any man be in Christ, he is a new creature: old things are passed away; behold, all things are become new (2 Corinthians 5:17).

He refreshes and restores my soul (life); He leads me in the paths of righteousness for His name's sake (Psalm 23:3 AMP).
Restore unto me the joy of thy salvation; and uphold me with thy free spirit (Psalm 51:12 NIV).

"When God forgives, He at once restores."

— Theodore Epp

회복

주여! 당신은 위대한 구속자이시나이다. 당신은 나의 생명을 파멸로부터 속죄하셨나이다. 당신은 나의 영혼을 회복시키셨고, 나의 과거의 실패를 용서해 주셨나이다. 당신은 나에게 새로운 생명을 주셨나이다. 당신은 경외로우신 하나님이시나이다. 나는 당신을 찬양하고 높이나이다.

당신은 나의 슬픔을 기쁨으로 대체하셨나이다. 나의 무거운 짐을 없애 주시고, 내 마음을 감사로 가득 채워 주셨나이다. 당신은 나의 과거의 수치심을 받아들이셔서 나에게 미래에 대한 축복과 생동하는 소망을 주셨나이다.

주여! 당신은 나를 회복시켜 주셨나이다. 당신은 나에게 삶의 목적을 주셨고, 거룩한 소명을 주셨나이다. 내가 기쁜 마음으로 당신의 목적을 성취할 수 있도록 나의 삶에 당신의 호의를 베풀어 주신 것에 대해 감사하나이다.

당신의 기적적인 회복 능력이 내 삶의 모든 영역에서 지속적으로 작용하도록 하소서. 그러나 거기서 멈추지 마소서. 당신이 얼마나 선하신 분인지 모두가 알 수 있도록 그것이 내게서 넘치도록 하소서. 예수님의 이름으로 기도하옵나이다. 아멘.

Restoration

Lord, You are the great Redeemer. You have redeemed my life from destruction. You have restored my soul, and You have forgiven me of my past failures. You have given me a new lease on life. You are an awesome God. I praise and exalt You.

You have replaced my mourning with joy. You have taken away my heavy burden and filled my heart with thanksgiving. You have taken the shame of my past and given me a blessed and exciting hope for the future.

You, Lord, have restored me. You have given me a purpose in life, a divine calling. I thank You for it and for placing Your favor upon my life so that I might accomplish Your purpose with gladness.

Let Your miracle working restoration power be continually at work within every area of my life. But don't let it stop there. Let it overflow out of me so that all may see just how good You are! In Jesus', amen

◈ 성경

"그런즉 누구든지 그리스도 안에 있으면 새로운 피조물이라 이전 것은 지나갔으니 보라 새 것이 되었도다"(고후 5:17).

"예수를 죽은 자 가운데서 살리신 이의 영이 너희 안에 거하시면 그리스도 예수를 죽은 자 가운데서 살리신 이가 너희 안에 거하시는 그의 영으로 말미암아 너희 죽을 몸도 살리시리라"(롬 8:11).

"예수께서 이르시되 나는 부활이요 생명이니 나를 믿는 자는 죽어도 살 것이다"(요 11:25).

"믿음으로 기도하는 것은
당신에게 문제가 있다는 것을 부정하는 것이 아니라,
하나님이 당신의 문제보다 더 크시다고 믿는 것이다."

-제리 파울러 박사(Dr. Jerry Fowler)

◈ Scriptures

Therefore if any man be in Christ, he is a new creature: old things are passed away; behold, all things are become new (2 Corinthians 5:17).

But if the Spirit of him that raised up Jesus from the dead dwell in you, he that raised up Christ from the dead shall also quicken your mortal bodies by his Spirit that dwelleth in you (Romans 8:11).

Jesus told her, "I am the resurrection and the life. Anyone who believes in me will live, even after dying (John 11:25 NLT).

"Praying in faith is not denying
that you have problems,
but believing that God is
bigger than your problems."

— Dr. Jerry Fowler

부활의 능력

주여! 나의 육신이나 옛 본성의 타고난 욕망에 지배되지 않는 것을 감사하나이다. 옛사람은 죽었고, 내 안에 새 사람이 살고 있나이다. 내 주 예수님을 죽은 자들 가운데서 살리신 바로 그 영이 내 안에 살고 계시나이다. 같은 부활의 능력이 나의 죽을 수 밖에 없는 몸에 생명과 건강, 활력을 주시나이다.

내 안의 당신의 부활의 능력이 내 영을 새롭게 하고 내 혼을 강화시키나이다. 주여! 내 안에 있는 당신의 능력으로 나는 모든 것을 할 수 있나이다. 내 안에 있는 당신의 부활의 능력은 내 영혼을 새롭게 하고 내 영을 강하게 하나이다. 주여! 내 안의 당신의 능력으로 나는 모든 것을 할 수 있나이다. 그 능력은 나에게 당신을 증언하도록 대담함과 자신감을 주시나이다. 당신의 능력이 내 안에서 역사하여 나를 당신의 형상으로 바꾸고, 내 속에서 당신의 본성을 신장시키고 있나이다.

같은 부활의 능력으로 나의 삶은 이기는 믿음, 영적인 인내 그리고 모든 분야에서 총체적으로 완전한 승리를 하는 새로운 양상을 갖게 되었나이다. 감사하나이다. 주여! 예수님 이름으로 기도하옵나이다. 아멘

Resurrection Power

Lord, I thank You that I am not controlled by my flesh or the natural desires of my old nature. The old man is dead, and a new man is living inside of me. The same Spirit that raised my Lord Jesus from the dead dwells within me. The same resurrection power gives life, health, and vitality to my mortal body.

Your resurrection power in me renews my soul and strengthens my spirit. By Your power in me, Lord, I can do all things. That power gives me boldness and confidence to be a witness for You. Your power is working in me, changing me into Your image and developing in me Your nature.

By the same resurrection power, my life has taken on a new dimension—a dimension of overcoming faith, spiritual perseverance, and total and complete victory in every area. Thank You, Lord! In Jesus' name, amen.

◈ 성경

"그러므로 형제들아 내가 하나님의 모든 자비하심으로 너희를 권하노니 너희 몸을 하나님이 기뻐하시는 거룩한 산 제물로 드리라 이는 너희가 드릴 영적 예배니라"(롬 12:1).

"너는 진리의 말씀을 옳게 분별하며 부끄러울 것이 없는 일꾼으로 인정된 자로 자신을 하나님 앞에 드리기를 힘쓰라"(딤후 2:15).

"여호와여 주의 도를 내게 보이시고 주의 길을 내게 가르치소서"(시 25:4).

"이 축복은 기도로 얻고
감사와 함께 쟁취하는 가장 소중한 것이다."

- 토마스 굿윈(Thomas Goodwin)

◈ Scriptures

So here's what I want you to do, God helping you: Take your everyday, ordinary life—your sleeping, eating, going-to-work, and walking-around life—and place it before God as an offering. Embracing what God does for you is the best thing you can do for him (Romans 12:1 MSG).

Study and do your best to present your- self to God approved, a workman [tested by trial] who has no rea- son to be ashamed, accu- rately handling and skillfully teaching the word of truth (2 Timothy 2:15 AMP).

Show me thy ways, O Lord; teach me thy paths (Psalm 25:4).

"Those blessings are sweetest that are won with prayer and worn with thanks."

— Thomas Goodwin

영적 성장

주여! 영적으로 성장하도록 도와주소서. 내가 매일 하는 일과 책임들이 기도하고, 예배하고, 당신께 헌신할 시간이 없을 정도로 내 삶을 채우지 못하게 도와주소서.

아버지! 나에게 당신과 함께 시간을 보내도록 촉구하소서. 내 영적 성장에 투자하기 위해 매일 시간을 차단하면서 당신을 최우선으로 하는 걸 잊지 않도록 도와주소서. 내가 감당할 수 있는 것보다 더 많은 것을 과도하게 약속하거나 떠맡기 전에 거절할 힘을 주소서.

주여! 영적인 것에 대한 나의 소원을 증가시키소서. 내가 성장해야 할 분야를 내게 알려 주소서. 내가 매일 기도할 기회를 의식하고, 당신의 말씀을 묵상하고, 당신의 말씀을 말하고, 당신의 말씀을 내 삶에 적용할 수 있도록 도와주소서. 당신 앞에 내 자신을 낮추나이다. 당신의 길을 가르쳐 주시고, 나의 발걸음을 인도하시고, 당신의 말씀이 내 안에 살아 있도록 하소서. 당신이 내 삶에서 하시고자 하시는 일에 항상 민감하게 반응하도록 도와주소서. 예수님 이름으로 기도하옵나이다. 아멘

Spiritual Growth

Lord, help me to grow spiritually. Help me to not let my daily activities and respon- sibilities fill my life to the point that I have no time for prayer, worship, and devotional times with You.

Father, please prompt me to spend time with You. Help me remember to put You first, blocking out time every day to invest in my spiritual growth. Give me the strength to say no before I over-commit or take on more than I can handle.

Lord, increase my desire for spiritual things. Reveal to me areas where I need to grow. Help me to be conscious of everyday opportunities to pray, to meditate on Your Word, to speak Your Word, and to apply Your Word to my life. I humble myself before You. Teach me Your ways, direct my steps, let Your Word become alive in me. Help me to always be sensitive to what You want to do in my life. In Jesus' name I pray. Amen.

"너희 몸은 너희가 하나님께로부터 받은 바 너희 가운데 계신 성령의 전인 줄을 알지 못하느냐 너희는 너희 자신의 것이 아니니라(고전 6:19).

"그러므로 형제들아 내가 하나님의 모든 자비하심으로 너희를 권하노니 너희 몸을 하나님이 기뻐하시는 거룩한 산 제물로 드리라 이는 너희가 드릴 영적 예배니라"(롬 12:1).

"스스로 지혜롭게 여기지 말지어다 여호와를 경외하며 악을 떠날지어다 이것이 네 몸에 양약이 되어 네 골수를 윤택하게 하리라"(잠 3:7-8).

"우리는 어려움이 아니라,
우리의 눈이 하나님을 바라보며 기도해야 한다."

-오스왈드 챔버스(Oswald Chambers)

◈ Scriptures

What? know ye not that your body is the temple of the Holy Ghost which is in you, which ye have of God, and ye are not your own? (1 Corinthians 6:19).

I beseech you therefore, brethren, by the mercies of God, that ye present your bodies a living sacrifice, holy, acceptable unto God, which is your reasonable service (Romans 12:1).

Don't assume that you know it all. Run to God! Run from evil! Your body will glow with health, your very bones will vibrate with life! (Proverbs 3:7-8 MSG).

"We have to pray with our eyes on God,
not on the difficulties."

— Oswald Chambers

체력 유지하기

주여! 내 몸이 성령의 성전인 것을 이해하나이다. 당신은 내 몸을 거룩하고 당신을 기쁘시게 하는 살아 있는 제물로 드리라고 당신의 말씀에서 말씀하셨나이다. 나는 의무에 부합함으로써 당신을 공경하고 기쁘시게 하기를 원하나이다. 나는 내가 과체중이어서 몸 상태가 좋지 않으면 가족, 친구, 그리고 복음 사역에 봉사하는 능력에 영향을 미친다는 것을 알고 있나이다.

내게 가장 좋은 먹거리와 운동 프로그램을 선택하도록 도와주소서. 내 몸이 건강과 활력에 기능하도록 만드는 의식적인 생활방식을 선택하도록 도와주소서. 건강을 해치는 음식과 물질에 대해 거절할 결심과 용기를 내게 주소서. 하루 운동 일과를 내 일정에 어떻게 포함시키는지를 보여주시고, 내가 그 계획을 따를 수 있도록 나를 훈련시킬 수 있도록 도와주소서.

나는 내가 운동하면서 보게 될 결과를 기뻐하며 당신께 순종하겠나이다. 예수님의 이름으로 기도하옵나이다. 아멘.

Staying Physically Fit

Lord, I understand that my body is the temple of the Holy Spirit. You told me in Your Word to present my body as a living sacrifice, holy and pleasing to You. I want to respect and please You by being fit for duty. I recog- nize that if I am overweight and out of shape, it will affect my ability to serve my family, my friends, and the work of the Gospel.

Help me choose the eating and exercise program that is best for me. Help me to make conscious life-style choices that will cause my body to function in health and vitality. Give me determination and courage to say no to health-destroying foods and substances. Show me how to incorporate a daily ex- ercise routine into my schedule, and help me to dis- cipline myself to follow that plan.

I rejoice in the results I will see as I exer- cise and subject myself to You. In Jesus' name I pray. Amen.

◈ 성경

"피곤한 자에게는 능력을 주시며 무능한 자에게는 힘을 더 하시로다"(사 40:29).

"오직 여호와를 앙망하는 자는 새 힘을 얻으리니 독수리가 날개치며 올라감 같을 것이요 달음박질하여도 곤비하지 아니하겠고 걸어가도 피곤하지 아니하리로다"(40:31).

"내게 능력 주시는 자 안에서 내가 모든 것을 할 수 있느니라"(빌 4:13)

"국가를 다시 일어서게 하려면,
먼저 무릎을 꿇어야 한다."

-빌리 그레이엄(Billy Graham)

◈ Scriptures

He giveth power to the faint; and to them that have no might he increaseth strength (Isaiah 40:29).

But they that wait upon the LORD shall renew their strength; they shall mount up with wings as eagles; they shall run, and not be weary; and they shall walk, and not faint (Isaiah 40:31).

I can do all things [which He has called me to do] through Him who strengthens and empowers me [to fulfill His purpose—I am self- sufficient in Christ's sufficiency; I am ready for anything and equal to anything through Him who infuses me with inner strength and confident peace] (Philippians 4:13 AMP).

"To get nations back on their feet,
we must first get down on our knees."

— Billy Graham

힘

아버지 하나님! 내게 힘을 주소서. 내게 용기와 불굴의 정신과 그리고 결연한 결심을 주소서. 내가 옳은 일을 하는 데 결코 지치지 않게 하소서. 성령의 능력이 나를 떠받치게 하시고, 나를 일으켜 세우시고, 당신의 힘을 내게 불어넣어 주소서.

주여! 나는 의인은 많은 고통이 있다는 것을 알고 있나이다 그러나 당신은 그 모든 고통에서 나를 건져내실 것이나이다. 내가 당신의 구원을 기다리는 동안 나의 믿음을 굳게 지키도록 도와주소서. 남들이 나를 의심할 때 내가 강해지도록 도와주소서. 살아계신 하나님의 자녀인 내게 감히 맞서는 어떤 것과 모든 것 앞에서 내가 강해도록 도와주소서!

내게 불리한 확률이 쌓이고, 문제가 내 주위에 몰려있고, 두려움과 피로가 내 발뒤꿈치를 물어뜯고 있을 때, 나는 당신에게 궁극적인 승리가 확실하다는 것을 알고 내 입장을 견지할 것이나이다! 예수님의 이름으로 기도하옵나이다. 아멘.

Strength

Father God, I ask you to give me strength. Impart to me courage, fortitude, and determined resolve. May I never become worn out in doing what's right. Let the power of the Holy Spirit undergird me, lift me up and infuse me with your strength.

Lord, I know that many are the afflictions of the righteous, but You will deliver me out of them all. Help me stay strong in my faith as I wait upon Your deliverance. Help me stay strong when others doubt me. Help me stay strong in the face of anything and every- thing that dares to confront me, a child of the Living God!

When the odds are stacked against me, when trouble is all around me, when fear and fatigue are biting at my heels, I will stand my ground know- ing that ultimate victory is certain in You! In Jesus' name, amen.

◈ 성경

"평안을 너희에게 끼치노니 곧 나의 평안을 너희에게 주노라 내가 너희에게 주는 것은 세상이 주는 것과 같지 아니하니라 너희는 마음에 근심하지도 말고 두려워하지도 말라"(요 14:27).

"수고하고 무거운 짐 진 자들아 다 내게로 오라 내가 너희를 쉬게 하리라"(마 11:28).

"집을 짓되 깊이 파고 주추를 반석 위에 놓은 사람과 같으니 큰 물이 나서 탁류가 그 집에 부딪치되 잘 지었기 때문에 능히 요동하지 못하게 하였느니라"(눅 6:48).

"나는 매일 기도하고, 하나님께 자신을 내맡긴다,
긴장과 근심이 내게서 사라지고 평화와 능력이 들어온다."

- 데일 카네기(Dale Carnagie)

◈ Scriptures

Peace I leave with you, my peace I give unto you: not as the world giveth, give I unto you. Let not your heart be troubled, neither let it be afraid (John 14:27).

Come unto me, all ye that labour and are heavy laden, and I will give you rest (Matthew 11:28).

If you work the words into your life, you are like a smart carpenter who dug deep and laid the foundation of his house on bedrock. When the river burst its banks and crashed against the house, nothing could shake it; it was built to last (Luke 6:48 MSG).

"Every day I pray, I yield myself to God, the tension and anxieties go out of me and peace and power go in."

— Dale Carnagie

스트레스

주여! 스트레스로부터 자유롭게 살 수 있도록 도와주소서. 당신의 평화를 내게 채워 주소서. 내 삶의 상황이 너무 크게 비명을 질러서 다른 소리를 듣기가 어려울 때에도, 어떻게 당신을 믿고 침착해야 하는지를 가르쳐 주소서. 내가 당신의 존재 안에 있는 완벽한 평화의 장소로 혼란과 동요를 넘어 올라가게 하소서.

믿음으로, 그리고 당신의 말씀에 순종하여, 나는 나의 모든 근심과 모든 걱정을 그리고 모든 스트레스를 당신께 벗어던졌나이다. 나는 그 대가로 당신의 평화를 받았나이다. 스트레스가 내 삶에 어떤 영향을 미치지 않도록 당신과 당신의 말씀에 집중하도록 도와주소서. 이 세상의 근심이 내 삶에 좌절이나 압박을 일으키지 않도록 침착한 정신과 영적인 힘을 기르는 방법을 가르쳐 주소서.

나는 당신을 예배하고 찬양하는 쪽을 택하나이다. 나는 내가 무슨 일을 겪든 감사한 마음을 가지려고 하나이다. 당신의 도우심과 인도하심으로 나는 스트레스 없는 삶을 살 수 있다고 확신하나이다. 예수님의 이름으로 기도하옵나이다. 아멘

Stress

Lord, help me to live free from stress. Fill me with Your peace. Show me how to trust You and be calm, even when the circum- stances of my life are screaming so loudly that it's difficult to hear any-thing else. Let me rise above turmoil and agitation to a place of perfect peace in Your presence.

By faith, and in obedience to your Word, I cast all my cares, all my anxieties and all my stress on You. I receive Your peace in exchange. Help me to focus on You and Your Word and not allow stress to affect my life in any way. Show me how to develop a calm spirit and the spiritual strength to not let the cares of this world cause frustration or pres- sure in my life.

I choose to worship You and praise You. I pur-pose to have a grateful heart, no matter what I am going through. With Your help and guidance, I am confident that I can live a stress-free life.

◈ 성경

"내가 네게 명령한 것이 아니냐 강하고 담대하라 두려워하지 말며 놀라지 말라 네가 어디로 가든지 네 하나님 여호와가 너와 함께 하느니라"(수 1:9).

"항상 우리를 그리스도 안에서 이기게 하시고 우리로 말미암아 각처에서 그리스도를 아는 냄새를 나타내시는 하나님께 감사하노라"(고후 2:14).

"끝으로 너희가 주 안에서와 그 힘의 능력으로 강건하여지라"(엡 6:10)

"가장 무릎을 많이 꿇는 사람은,
가장 잘 일어선다."

- D. L. 무디(D. L. Moody)

◈ Scriptures

Haven't I commanded you: be strong and courageous?
Do not be afraid or discouraged, for the Lord your God
is with you wherever you go (Joshua 1:9 HCSB).

Now thanks be unto God, which always causeth us to
triumph in Christ, and maketh manifest the savour of
his knowledge by us in every place (2 Corinthians 2:14).

In conclusion, be strong in the Lord [draw your strength
from Him and be empowered through your union with
Him] and in the power of His [boundless] might (Ephesians 6:10 AMP).

"He who kneels the most, stands the best."

— D. L. Moody

주 안에서 강하기

주여! 내게 힘을 주시옵소서. 일상생활의 요구가 나를 끌어내리거나 지치게 하지 않도록 내가 당신으로부터 힘을 끌어낼 수 있도록 도와주소서. 당신의 힘이 내 안에 영적 회복력, 육체적 체력, 정신적 예리함을 만들어내도록 하소서.

내가 굴복하거나 포기하고 싶은 시험을 이겨내도록 도와주소서. 이는 내 힘이 흔들리기 시작하면, 당신의 힘이 대신할 것이기 때문이나이다. 내가 지치지 않도록 당신의 힘을 끌어내도록 도와주소서. 당신은 나의 에너지원이자 나의 힘의 원천이시나이다.

당신 앞에서 나는 인내할 힘, 극복할 능력, 그리고 나의 길에 올 수도 있는 도전을 극복할 지속적인 기쁨을 발견하나이다. 나는 당신의 말씀을 공부하고 묵상하면서, 위로와 평화를 찾고 나의 힘이 새로워진 것에 감사하나이다. 예수님의 이름으로 기도하옵나이다. 아멘.

Strong in the Lord

Lord, I ask You to give me strength. Help me draw strength from You so that the demands of daily living won't pull me down or wear me out. Let Your strength produce spiritual resilience, physical stamina, and mental sharpness in me.

Help me resist the temptation to give in or give up. For when my strength begins to waver, Yours will take over. Help me draw strength from You so I will not grow weary. You are my source of energy and my source of strength.

In Your presence I find strength to endure, power to overcome, and sustaining joy to conquer any challenge that may come my way. As I study and meditate on Your Word, I thank You that I find comfort and peace and my strength is renewed.

◈ 성경

"내가 주께 감사하옴은 나를 지으심이 심히 기묘하심이라 주께서 하시는 일이 기이함을 내 영혼이 잘 아나이다"(시 139:14).

"오직 마음에 숨은 사람을 온유하고 안정한 심령의 썩지 아니할 것으로 하라 이는 하나님 앞에 값진 것이니라"(벧전 3:4).

"곧 창세 전에 그리스도 안에서 우리를 택하사 우리로 사랑 안에서 그 앞에 거룩하고 흠이 없게 하시려고 하셨느니라"(엡 1:4).

"기도는 하나님과 인간을 끌어당기는 밧줄이다.
하지만 기도는 하나님을 우리에게 끌어내리시는 것이
아니라, 우리를 그분께로 끌어 올리는 것이다."

-빌리 그레이엄(Billy Graham)

◈ Scriptures

I will praise thee; for I am fearfully and wonderfully made: marvellous are thy works; and that my soul knoweth right well (Psalm 139:14).

But let it be [the inner beauty of] the hidden person of the heart, with the imperish- able quality and unfading charm of a gentle and peaceful spirit, [one that is calm and self- controlled, not overanxious, but serene and spiritually mature] which is very precious in the sight of God (1 Peter 3:4 AMP).

Even before he made the world, God loved us and chose us in Christ to be holy and without fault in his eyes (Ephesians 1:4 NLT).

"Prayer is the rope that pulls God
and man together. But, it doesn't
pull God down to us;
it pulls us up to him."

— Billy Graham

자기 평가하기

하늘의 아버지! 당신이 나를 보시는 것처럼 나를 볼 수 있게 도와주소서. 내가 이 세상에서 위대한 일을 성취할 수 있도록 내게 구체적이고 독특한 은사와 재능을 주셨나이다. 내가 은사와 재능을 좀 더 완전하게 발견하도록 도와주소서.

당신은 내가 죽어야 할 죽음을 대신 죽으시도록 당신의 죄 없고 흠 하나 없는 아들을 이 땅에 보내셨을 때 당신은 나의 삶의 가치를 두셨나이다. 당신은 나에게 자유를 주시기 위해 당신의 아들의 생명을 주셨나이다. 나에 대한 당신의 사랑과 감탄은 깊이를 헤아릴 수 없고 내가 얼마나 불완전한가를 볼 때 때때로 이해하기가 너무 어렵나이다. 그 순간에는 나에게 자비를 베푸소서. 내가 심각하고 되풀이해서 엉망인 상황에도, 나는 당신이 나를 위해 치르신 일과 내가 어떤 사람인지 상기시켜주시기를 원하나이다. 내 모든 결점에도 불구하고 당신이 여전히 나를 믿으신다는 것을 깨닫도록 도와주소서. 나 자신에게 똑같이 할 수 있도록 도와주소서. 예수님의 이름으로 기도하옵나이다. 아멘.

Valuing Myself

Heavenly Father, help me to see myself the way You see me. You gave me gifts and talents that are specific and unique to me so that I can accomplish great things on this earth. Help me to discover them more fully.

You placed a value on my life when You sent Your sinless, spotless Son to come to this earth and die the death that I should have died. You gave the life of Your own Son just so I could be free. Your love and admiration for me is unfathomable and sometimes so hard to see when I look at how imperfect I am. So have mercy on me in those moments. Even when I mess up big and repeatedly, I ask that You would remind me who I am and what You paid for me. Help me to realize that, even with all my shortcomings, You still believe in me. Help me to do the same for myself. In Jesus' name, amen.

◈ 성경

"너는 범사에 그를 인정하라 그리하면 네 길을 지도하시리라"(잠 3:6).

"여호와의 말씀이니라 너희를 향한 나의 생각을 내가 아나니 평안이요 재앙이 아니니라 너희에게 미래와 희망을 주는 것이니라"(렘 29:11).

"너희 중에 누구든지 지혜가 부족하거든 모든 사람에게 후히 주시고 꾸짖지 아니하시는 하나님께 구하라 그리하면 주시리라 오직 믿음으로 구하고 조금도 의심하지 말라 의심하는 자는 마치 바람에 밀려 요동하는 바다 물결 같으니라"(약 1:5-6).

"기도는 하나님의 계획을 붙잡고 그분의 뜻과
세상에서 그 뜻의 성취 사이의 연결 고리가 된다."

-엘리자베스 엘리엇(Elisabeth Elliot)

◈ Scriptures

In all thy ways acknowledge him, and he shall direct thy paths (Proverbs 3:6).

I have it all planned out—plans to take care of you, not abandon you, plans to give you the future you hope for (Jeremiah 29:11 MSG).

If you don't know what you're doing, pray to the Father. He loves to help. You'll get his help, and won't be condescended to when you ask for it. Ask boldly, believingly, without a second thought (James 1:5-6 MSG)

"Prayer lays hold of God's plan and becomes
the link between His will
and its accomplishment on earth."

— Elisabeth Elliot

하나님의 충만한 계획 안에서 행하기

주여! 나의 모든 면에서 나는 당신을 알고, 인정하고, 공경하나이다. 나는 나의 삶에서 당신을 우선순위에 두나이다. 나는 당신을 의지하고, 당신을 신뢰하며, 당신을 전적으로 확신하나이다, 주여! 내 삶의 모든 분야에 대한 당신의 통찰력과 이해력을 주소서. 남들이 뭐라고 하든, 내 기분이 어떻든, 내 앞에 어떤 불확실성이 있든 간에, 나는 당신이 내 모든 길을 지시하시고, 똑바르게 하시고, 통제하신다는 것을 알고 있기 때문이나이다. 나의 발걸음은 확실하고, 나의 행로는 분명하고 나의 미래는 밝고 유망하나이다.

내 삶을 위한 당신의 계획과 목적을 이루소서. 주여! 나를 사용하셔서 이 세상을 변화시키소서.

나의 삶이 당신의 은혜와 사랑과 자비의 증거가 되게 하소서. 내가 당신으로 가득 차서 내게는 아무것도 남지 않게 하소서. 주여! 남들이 내 안에서 당신만 볼 수 있도록 내 삶을 사로잡으소서. 예수님의 이름으로 기도하옵나이다. 아멘.

Walking in the Fullness of God's Plan

Lord, in all my ways I recognize, acknowledge, and honor You. I put You first in my life. I lean on You, trust in You, and am confident in You, Lord. Grant me Your insight and understanding regarding every area of my life. Because I acknowledge You, regard- less of what others say, how I feel or what uncertainties lie before me, I know that You direct, make straight, and regulate all my ways. My steps are sure, and my path is clear. My future is bright and promising.

Fulfill Your plans and purposes for my life. Use me, Lord, to make a difference in this world.

Let my life be a testimony of Your grace, love, and mercy. Let me be so full of You that there is none left of me. Consume my life, Lord, to the point that others only see You in me. In Jesus' name I pray. Amen.

◈ 성경

"두려워하지 말라 내가 너와 함께 함이라 놀라지 말라 나는 네 하나님이 됨이라 내가 너를 굳세게 하리라 참으로 너를 도와 주리라 참으로 나의 의로운 오른손으로 너를 붙들리라"(사 41:10).

"여호와는 나의 빛이요 나의 구원이시니 내가 누구를 두려워하리요 여호와는 내 생명의 능력이시니 내가 누구를 무서워하리요"(시 27:1).

"하나님이 우리에게 주신 것은 두려워하는 마음이 아니요 오직 능력과 사랑과 절제하는 마음이니라"(딤후 1:7).

"폭풍우 속에서 지혜로운 사람은 하나님께 위험으로부터의 안전이 아니라 두려움으로부터의 구원을 위해 기도한다."

-랄프 왈도 에머슨(Ralph Waldo Emerson)

◈ Scriptures

So do not fear, for I am with you; do not be dismayed, for I am your God. I will strengthen you and help you; I will uphold you with my righteous right hand (Isaiah 41:10 NIV).

The LORD is my light and my salvation; whom shall I fear? the LORD is the strength of my life; of whom shall I be afraid? (Psalm 27:1).

For God hath not given us the spirit of fear; but of power, and of love, and of a sound mind (2 Timothy 1:7).

"The wise man in the storm prays God not for safety from danger but for deliverance from fear."

— Ralph Waldo Emerson

두려움과 싸울 때

사랑하는 아버지! 당신은 당신이 나와 함께 계시니 두려워하지 말라고 하셨나이다. 당신은 나를 지켜주시고, 나를 지탱해주시나이다. 당신의 말씀은 내가 사망의 음침한 골짜기로 다닐지라도 해를 두려워하지 않을 것이라고 하셨나이다. 이는 당신이 나의 목자이시며 보호자이시기 때문이나이다.

나는 나쁜 소식, 나쁜 상황, 나쁜 결과를 두려워하지 않을 것이나이다. 왜냐하면 당신은 나의 바위, 나의 요새, 그리고 나의 구원자이기 때문이나이다. 당신은 나에게 어떤 상황에서도 대처할 수 있는 힘과 용기를 주시나이다. 당신은 절대 날 떠나시거나 버리시지 않으시겠다고 약속하셨나이다.

당신의 말씀은 나에게 공포의 정신을 준 것이 아니라, 그 대신 내게 능력과 사랑과 확고한 마음을 주었다고 말씀하나이다. 나는 나를 덮치려는 두려움보다 당신의 말씀을 더 중요하게 생각하겠나이다. 내가 두려움에 사로잡힐 때, 나는 당신은 바라보겠나이다. 주여! 당신 안에서 나는 강하고 두려움이 없나이다. 예수님의 이름으로 기도하옵나이다. 아멘.

When You Are Battling Fear

Dear Father, You have told me to not fear because You are with me. You uphold me, and You sustain me. Your Word says that though I walk through the valley of the shadow of death, I will fear no evil, because you are my Shepherd and Protector.

I will not be afraid of bad news, bad situ- ations, or bad outcomes because You are my rock, my fortress, and my deliverer. You give me the strength and courage to handle any situation. You have promised that You will never leave me nor forsake me.

Your Word says that You have not given me a spirit of fear, but instead You gave me power, love, and a sound mind. I will consider Your Word above the fear that tries to overtake me. When I am tempted to fear, I will look to You. In You, Lord, I am strong and fearless. In Jesus' name I pray. Amen.

"의인이 부르짖으매 여호와께서 들으시고 그들의 모든 환난에서 건지셨도다 여호와는 마음이 상한 자를 가까이 하시고 충심으로 통회하는 자를 구원하시는도다 의인은 고난이 많으나 여호와께서 그의 모든 고난에서 건지시는도다"(시 34:17-19).

"나는 비천에 처할 줄도 알고 풍부에 처할 줄도 알아 모든 일 곧 배부름과 배고픔과 풍부와 궁핍에도 처할 줄 아는 일체의 비결을 배웠노라 내게 능력 주시는 자 안에서 내가 모든 것을 할 수 있느니라"(빌 4:12-13).

"기도는 위기에서 벗어나게 해줄 것이고,
기도는 어려운 문제에서 벗어나게 해 줄 것이며,
기도는 당신을 걱정에서 벗어나게 해 줄 것이다."

-티디 제이크스(TD Jakes)

◈ Scriptures

Is anyone crying for help? GOD is listening, ready to rescue you. If your heart is broken, you'll find GOD right there; if you're kicked in the gut, he'll help you catch your breath. Disciples so often get into trouble; still, GOD is there every time (Psalm 34:17-19 MSG).

I know how to get along and live humbly [in difficult times], and I also know how to enjoy abundance and live in prosperity. In any and every circumstance I have learned the secret [of facing life], whether well-fed or going hungry, whether having an abun- dance or being in need. I can do all things [which He has called me to do] through Him who strengthens and empowers me [to fulfill His purpose—I am self-sufficient in Christ's sufficiency; I am ready for anything and equal to anything through Him who infuses me with inner strength and confident peace] (Philippians 4:12-13 AMP).

"Prayer will get you out of a pinch, prayer will get you out of a crisis, prayer will get you out of your dilemma, prayer will get you out of your trouble."

— TD Jakes

위기에 처했을 때

·

주여! 삶이 예기치 못한 일로 가득 차 있다는 것을 깨닫도록 도와주소서. 나는 이 지금의 상황에 두렵거나 불안하거나 압도당하지 않기를 원하나이다. 내가 혼란, 걱정, 절망에 반응하지 않도록 도와주시고 대신 그런 생각과 감정을 당신의 말씀과 현명한 자세로 대체하게 도와주소서.

내 마음을 당신과 당신의 말씀의 능력에 고정시키게 도와주소서. 이 위기 해결을 위해 내가 해야 할 결정이나 행동에 관한 지혜와 통찰력을 주소서.

나는 내 믿음의 노력이 나의 인내심과 경건한 성격을 형성한다는 것을 알고 도전과 문제에 직면했을 때 모든 기쁨을 헤아리나이다. 당신은 나와 함께 하시면서 이 위기를 헤쳐나가시겠다고 약속하셨나이다. 이 상황에 대해 의기양양하게 이겨낼 수 있을 때까지, 포기하거나 굴복하지 않고 끈기 있게 당신을 믿을 수 있는 용기, 힘, 불굴의 정신을 주소서! 예수님의 이름으로 기도하옵니다. 아멘.

When You Are Facing a Crisis

Lord, help me to realize that life is full of the un-expected. I desire to not become fearful, anxious, or overwhelmed in this present situ- ation. Help me to not react in confusion, worry, or desperation, but instead, replace those thoughts and emotions with Your Word and a good attitude.

Help me keep my mind fixed on You and the power of Your Word. Give me wisdom and insight concerning any decisions I need to make or actions I need to take to do my part in resolving this crisis.

I count it all joy when I am faced with challenges and problems, knowing that the trying of my faith builds my patience and godly character. You have promised to be with me and see me through this crisis. Give me courage, strength, and fortitude to not give up or give in but to patiently keep trusting You until I can stand triumphantly over this situa-tion! In Jesus' name, amen.

"하나님이 이르시되 그가 나를 사랑한즉 내가 그를 건지리라 그가 내 이름을 안즉 내가 그를 높이리라 그가 내게 간구하리니 내가 그에게 응답하리라 그들이 환난 당할 때에 내가 그와 함께 하여 그를 건지고 영화롭게 하리라 내가 그를 장수하게 함으로 그를 만족하게 하며 나의 구원을 그에게 보이리라 하시도다"(시 91:14-16).

"이것을 너희에게 이르는 것은 너희로 내 안에서 평안을 누리게 하려 함이라 세상에서는 너희가 환난을 당하나 담대하라 내가 세상을 이기었노라"(요 16:33).

"평안을 너희에게 끼치노니 곧 나의 평안을 너희에게 주노라 내가 너희에게 주는 것은 세상이 주는 것과 같지 아니하니라 너희는 마음에 근심하지도 말고 두려워하지도 말라"(요 14:27).

"우리는 피로하고, 지치고, 정서적으로 마음이 산란해질 수 있지만, 하나님과 시간을 보낸 후에,
우리는 그분이 우리 몸에 에너지, 능력,
그리고 힘을 주입하신다는 것을 알게 된다."

-찰스 에프. 스탠리(Charles F. Stanley)

◈ Scriptures

"If you'll hold on to me for dear life," says God, "I'll get you out of any trouble. I'll give you the best of care if you'll only get to know and trust me. Call me and I'll answer, be at your side in bad times; I'll rescue you, then throw you a party. I'll give you a long life, give you a long drink of salvation!" (Psalm 91:14-16 MSG).

I have told you all this so that you may have peace in me. Here on earth you will have many trials and sorrows. But take heart, because I have overcome the world (John 16:33 NLT).

Peace I leave with you; My peace I give to you; not as the world gives do I give to you. Do not let your heart be troubled, nor let it be fearful (John 14:27 NASB).

"We can be tired, weary and emotionally distraught, but after spending time alone with God, we find that He injects into our bodies energy, power, and strength."

— Charles F. Stanley

낙담을 느낄 때

주여! 나는 당신이 이 낙담을 극복하도록 도와주시기를 기도하나이다. 주여! 당신의 도움을 요청하나이다. 이런 낙담하는 생각이 나를 무겁게 짓누르고 있나이다. 나는 내가 이런 식으로 느끼고 생각하는 것이 나에 대한 당신의 뜻이 아니라는 것을 아나이다.

나의 두려움을 믿음으로, 나의 의심을 믿음으로, 나의 근심을 믿음으로, 나의 비겁함을 용기로 대체할 수 있도록 도와주소서. 주여, 내 문제가 아니라 당신께 집중하도록 도와주소서.

너무 악화되어서 당신이 나의 상처를 치유하시고, 나의 확신을 회복시키실 수 없는 아주 큰 문제도 없고, 아주 깊은 상처도 없고, 아주 큰 실수도 없다는 것을 아나이다. 내가 당신을 믿고 나의 근심, 걱정, 염려를 당신께 벗어버리게 하소서.

주여! 나는 당신을 믿으며 당신이 나를 끝까지 지켜주실 것을 아나이다. 포기하거나, 굴복하거나, 그만두지 않겠다는 인내심과 결단력을 주소서. 나는 낙담이 내 삶을 통제하는 것을 허락하지 않나이다. 예수님의 이름으로 기도하옵나이다. 아멘.

When You Are Feeling Discouragement

Lord, I pray that You would help me over- come this discouragement. I ask for Your help, Lord. These discouraging thoughts weigh heavy on me. I know it is not Your will for me to feel and think this way.

Help me replace my fears with faith, my doubts with belief, my worries with trust, and my coward- ice with courage. Lord, help me focus on You and not on my problems.

I know that there is no problem too big, no hurt too deep, no mistake so bad that You cannot heal my hurt and restore my confi- dence. Help me trust You and cast my cares, anxiety, and worries upon You.

I believe in You, Lord, and I know that You will see me through. Give me endurance and determina- tion to not give up, cave in, or quit. I refuse to allow discouragement to control my life. In Jesus' name I pray, amen

◈ 성경

"내가 그 피곤한 심령을 상쾌하게 하며 모든 연약한 심령을 만족하게 하였음이라."(렘 31:25)

"좋은 것으로 네 소원을 만족하게 하사 네 청춘을 독수리 같이 새롭게 하시는도다."(시 103:5)

"우리가 선을 행하되 낙심하지 말지니 포기하지 아니하면 때가 이르매 거두리라."(갈 6:9)

"마귀보다 기도의 능력을 더 확고하게 믿는 존재는 없다.
마귀는 기도를 실천하는 것이 아니라,
기도로 고통을 받는다."

-가이 에이취. 킹(Guy H. King)

◆ Scriptures

I will strengthen the weary and renew those who are weak (Jeremiah 31:25 CEB).

Who satisfieth thy mouth with good things; so that thy youth is renewed like the eagle's (Psalm 103:5).

And let us not be weary in well doing: for in due season we shall reap, if we faint not (Galatians 6:9).

"No one is a firmer believer in the power
of prayer than the devil; not that he practices it,
but he suffers from it."

— Guy H. King

피로와 싸울 때

주여! 내 몸에 힘을 주소서. 계속할 에너지와 활력을 되찾게 하소서. 나는 정신적인 좌절과 걱정이 권태와 피로를 불러올 수 있다는 것을 알고 있나이다. 그래서 나는 내 삶의 모든 걱정을 당신께 벗어버리나이다. 오늘 나의 영과 혼과 몸을 더 튼튼하게 하소서. 나는 당신의 격려와 당신의 말씀의 힘을 끌어내나이다. 주여! 나의 힘을 새롭게 하소서.

주여! 옳은 일을 하는데 나약해지거나, 지치거나, 무기력하지 않도록 도와주소서. 당신의 기쁨이 내 마음을 채우고 내 몸을 더 튼튼하게 해 주소서.

당신의 평화와 휴식을 주심을 감사드리나이다. 내 몸에 맞는 일을 하도록 도와주소서. 내가 내 몸과 싸우는 것이 아니라 내 몸을 튼튼하게 유지하도록 적당한 휴식, 운동, 식사를 할 수 있도록 도와주소서. 주여! 나의 젊음이 독수리처럼 새롭게 되기를 기도하나이다. 예수님의 이름으로 기도하옵나이다. 아멘.

When You Are Fighting off Fatigue

Lord, I ask You for strength in my body. Restore to me energy and vitality to go on. I understand that mental frustrations and worries can bring on weariness and tired- ness, so I cast every care in my life over onto You. I ask You to strengthen my spirit, soul, and body today. I draw from Your encourage- ment and the power of Your Word. Renew my strength, Lord.

Help me, Lord, to not become weak, weary, or faint in doing what's right. Let Your joy fill my heart and strengthen my body.

Thank You for Your peace and rest. Help me do what is right for my body. Help me to properly rest, exercise, and eat so I am not fighting against my body but helping to keep my body strong. I pray, Lord, that my youth would be renewed as the eagle's.

In Jesus' name I pray. Amen.

"너희 중에 누구든지 지혜가 부족하거든 모든 사람에게 후히 주시고 꾸짖지 아니하시는 하나님께 구하라 그리하면 주시리라"(약 1:5).

"오직 위로부터 난 지혜는 첫째 성결하고 다음에 화평하고 관용하고 양순하며 긍휼과 선한 열매가 가득하고 편견과 거짓이 없느니라"(약 3:17).

"그런즉 너희가 어떻게 행할지를 자세히 주의하여 지혜 없는 자 같이 하지 말고 오직 지혜 있는 자 같이 하라"(엡 5:15).

"당신은 하나님의 비범한 지혜로 행할 때,
당신의 삶에서 승리와 확실한 성공의
더 큰 기준을 보기 시작할 것이다."

-조셉 프린스(Joseph Prince)

◈ Scriptures

If any of you lack wisdom, let him ask of God, that giveth to all men liberally, and upbraideth not; and it shall be given him (James 1:5).

But the wisdom from above is first pure [morally and spiritually undefiled], then peace-loving [courteous, considerate], gentle, reasonable [and willing to listen], full of compassion and good fruits. It is unwa- vering, without [self-righteous] hypocrisy [and self-serving guile] (James 3:17 AMP).

Therefore see that you walk carefully [living life with honor, purpose, and courage; shunning those who tol- erate and enable evil], not as the unwise, but as wise [sensible, intelli- gent, discerning people] (Ephesians 5:15 AMP).

"As you walk in God's divine wisdom,
you will surely begin to see a greater measure
of victory and good success in your life."

—Joseph Prince

지혜

아버지! 내가 지혜를 구하기 위하여 당신 앞에 오나이다. 당신은 당신의 말씀에서 누구든지 지혜가 부족하면 후하게 주시겠다고 말씀하셨나이다. 주여! 나의 관계에 관한 지혜를 주시고, 나의 책임을 적절히 관리하기 위한 지도와 방향을 주소서.

주여! 내 삶의 모든 영역에서 지혜와 이해 속에서 일하는 법을 가르쳐 주소서. 아무리 작은 일이라도 나를 인도해 주는 당신의 지혜를 구하나이다. 내가 어떤 새로운 계획을 수행하거나 어떤 구매를 고려하기 전에, 당신의 지혜가 나의 시간과 자원을 적절하게 처리하는 법을 가르쳐 주게 하소서.

감정이나 타인의 압력에 쉽게 흔들리거나 설득당하지 않도록 도와주소서. 대신, 나는 내 삶에서 상식과 지도, 분별력이 기능하고 나오는 것에 감사하나이다. 나는 지혜로 우리 집이 세워지고 나의 모든 활동에 분별력을 갖고 있는 것을 감사하나이다. 예수님의 이름으로 기도하옵나이다. 아멘.

Wisdom

Father, I come before You asking for Your wisdom. You said in Your Word that if anyone lacks wisdom, he could ask of You and You would give to him liberally. Lord, give me wisdom concerning my relationships, as well as guidance and direction to properly manage my responsibilities.

Lord, show me how to operate in wisdom and understanding in every area of my life. No matter how small the task, I ask for Your wisdom to guide me. Before I undertake any new projects or consider any purchases, let Your wisdom teach me how to properly manage my time and resources.

Help me not be easily swayed or convinced by emotionalism or by pressure from others; instead, I thank You for common sense, guid- ance, and discernment functioning and flowing in my life. I thank You that by wisdom my house is established and that I have discretion in all my activities. In Jesus' name, amen.

◈ 성경

"아무것도 염려하지 말고 다만 모든 일에 기도와 간구로, 너희 구할 것을 감사함으로 하나님께 아뢰라 그리하면 모든 지각에 뛰어난 하나님의 평강이 그리스도 예수 안에서 너희 마음과 생각을 지키시리라"(빌 4:6-7).

"네 짐을 여호와께 맡기라 그가 너를 붙드시고 의인의 요동함을 영원히 허락하지 아니하시리로다"(시 55:22).

"그런즉 이 일에 대하여 우리가 무슨 말 하리요 만일 하나님이 우리를 위하시면 누가 우리를 대적하리요"(롬 8:31).

"당신이 기도를 하면 할수록 공황상태는 줄어들 것이다.
예배를 드리면 드릴수록 걱정이 줄어들 것이다.
인내심을 더 느끼고 압박감도 덜 받을 것이다."

-릭 워런(Rick Warren)

◈ Scriptures

Don't fret or worry me. Instead of worrying, pray. Let petitions and praises shape your worries into prayers, letting God know your concerns. Before you know it, a sense of God's wholeness, everything coming together for good, will come and settle you down. It's wonderful what happens when Christ displaces worry at the center of your life (Philippians 4:6-7 MSG).

Cast thy burden upon the LORD, and he shall sustain thee: he shall never suffer the righteous to be moved (Psalm 55:22).
What shall we then say to these things? If God be for us, who can be against us? (Romans 8:31).

"The more you pray, the less you'll panic.
The more you worship, the less you worry.
You'll feel more patient and less pressured."

— Rick Warren

걱정

주여! 걱정으로부터 자유롭게 내 삶을 사는 방법을 내게 밝혀 주소서.

나는 조심하지 않으면 걱정거리가 나의 생각하는 삶을 대신할 수 있다는 것을 알고 있나이다. 당신의 말씀은 모든 것이 당신을 사랑하는 사람들에게 합력하여 선을 이룬다고 하나이다. 나는 내 상황을 더 악화시키는 것 외에는 걱정으로 내 상황을 변화시킬 수 있는 어떤 것도 할 수 없다는 것을 알고 있나이다. 주여! 나는 나쁜 일이 생길까 걱정하는 삶을 보여주고 싶지 않나이다. 내가 이것을 이길 수 있게 도와주소서. 무슨 일이 일어나든 일어나지 않든 나의 믿음을 당신께 두도록 도와주소서. 나는 당신이 좋으신 하나님이시라는 것과 걱정을 해결하실 것이라는 것을 알고 있나이다. 내가 필요한 것이 무엇이든 당신은 그것을 하실 것이나이다. 내가 진정으로 걱정으로부터 자유로워질 수 있도록 그 진리를 이해하도록 도와주소서.

내가 걱정에서 자유롭게 된 것과 예수님의 이름으로 승리한 것을 감사하나이다. 예수님이 이름으로 기도하옵나이다. 아멘.

Worry

Lord, reveal to me how to live my life free from worry. I know that worrying can take over my thought life if I'm not careful. Your Word says that all things work together for good to those who love You. I recognize that I can't do anything to change my circum- stances by worrying, except to make them worse. Lord, I don't want to walk through life wondering and worrying that something bad might happen. Help me have victory over this. Help me put my trust in You, regardless of what happens or doesn't happen. I know You are a good God and You will work it out. Whatever I need, You've got it. Help me really grasp that truth so I can truly be free from worry.

I Thank You that I am free from worry, and I have victory in Jesus' name. Amen.

◈ 성경

"네가 누울 때에 두려워하지 아니하겠고 네가 누운즉 네 잠이 달리로다"(잠 3:24).

"내가 평안히 눕고 자기도 하리니 나를 안전히 살게 하시는 이는 오직 여호와이시니이다"(시 4:8).

"너희가 일찍이 일어나고 늦게 누우며 수고의 떡을 먹음이 헛되도다 그러므로 여호와께서 그의 사랑하시는 자에게는 잠을 주시는도다"(127:2).

"기도로 바꾸기에 너무 작은 어떤 걱정거리도
너무 작아서 짐이 될 수 없다."

-코리 텐 붐(Corrie ten Boom)

✦ Scriptures

When thou liest down, thou shalt not be afraid: yea, thou shalt lie down, and thy sleep shall be sweet (Proverbs 3:24).

I will lie down and sleep in peace, for you alone, O LORD, make me dwell in safety (Psalm 4:8 NIV).

It is vain for you to rise up early to sit up late, to eat the bread of sorrows; for so he giveth his beloved sleep (Psalms 127:2).

"Any concern too small to be turned
into a prayer is too small to be
made into a burden."

— Corrie ten Boom

하루를 힘차게 마감하라

주여! 이 날이 끝날 무렵 내가 당신께 나아갈 때, 내게 신실하게 대해 주신 것을 감사하나이다. 당신의 공급하심에 감사하나이다. 나를 지탱해 주시고, 지켜주셔서 감사하나이다. 내 삶의 모든 부분에서 당신의 축복에 감사하나이다.

하나님 아버지! 내가 당신을 불쾌하게 해 드린 말이나 행한 일을 용서하소서. 만약 내가 누군가를 불쾌하게 했다면, 나는 당신께 나를 용서하시고 내가 일으킨 상처를 치유해주시기를 구하나이다.

이제 오늘 일어난 어떤 일에 대해서도 걱정을 하거나 좌절이나 염려를 하지 않도록 도와주소서. 나는 오늘 일의 모든 근심과 걱정을 당신께 벗어 버렸나이다. 과거를 잊고 내일을 바라보도록 도와주소서. 오늘 아무리 넘어졌어도 내일부터는 당신 안에서 새롭게 다시 새로운 시작을 할 수 있음에 감사하나이다. 나는 편안한 밤잠을 자게 해주셔서 감사하나이다. 예수님의 이름으로 기도하옵나이다. 아멘.

End the Day Strong

Lord, as I come to You at the end of this day, I thank You for being faithful to me. Thank You for your provision. Thank You for sustaining and protecting me. Thank You for Your blessings in every area of my life.

Heavenly Father, forgive me of anything that I may have said or done that was displeasing to You. If I offended anyone, I ask You to forgive me and to heal the hurts I have caused.

Now help me to not worry or have any frustration or anxiety about any thing that happened today. I cast all the cares and concerns of today's events upon You. Help me to forget the past and look toward tomorrow. I thank You that no matter how many times I stumbled today, I can start fresh and new in You tomorrow. I thank You for a restful night's sleep, in Jesus' name. Amen.